ROUTE NATIONALE

1

En route les gars A Montélimar WITHDRAWN

| L. Briggs | B. Goodman-Stephens | P. Rogers |

Thomas Nelson and Sons Ltd
Nelson House, Mayfield Road
Walton-on-Thames, Surrey
KT12 5PL, UK

51 York Place
Edinburgh
EH1 3JD, UK

Thomas Nelson
(Hong Kong) Ltd
Toppan Building 10/F
22a Westlands Road
Quarry Bay, Hong Kong

Thomas Nelson Australia
102 Dodds Street
South Melbourne
Victoria 3205
Australia

Nelson Canada
1120 Birchmount Road
Scarborough, Ontario
M1K 5G4
Canada

First published by
Thomas Nelson and Sons Ltd
1992

ISBN 0-17-4395000
NPN 9 8 7 6 5 4

Printed in Hong Kong.

Acknowledgements

The authors and publishers are
particularly indebted to
Bernadette Holmes and
Gérard Noyau for their
invaluable advice and
contribution to the project.

The authors and publishers
would like to thank the
following for their help in
providing authentic materials,
interviews, opinion polls and
advice:

France:

Anne Bancilhon, Reims;
Danièle Beauregard, Reims;
Gérard Bony, Perpignan; Les
commerçants et tous les gens
de Chabeuil; Léon Daul,
Strasbourg; La famille Bony,
Chabeuil; La famille Chambre,
Montvendre; La famille Luc,
Blaye; Jean Feydel, Paris; Jean
Gaudiche, Orsay; Laurence
Gaudiche, Orsay; Pierre
Gauthier, Essonne; Stéphanie
Grené, Blaye; Julien Grené,
Blaye; Cirque Gruss, Paris; Eleri
Hayes, Hazebrouck; Marie-
France Hergott, Essonne;
Monique Lévy, Essonne;
Michèle Lizaga, Reims; Adrian
Park, Reims; Danielle Tragin,
Essonne; Jean-Claude Villin,
Essonne; Isabelle Villin, Soisy-
sur-Seine.

Other countries:

Abdul Adady, England;
Hartmut Aufderstrasse; Roger
Bailess, England; André
Bailleul, Guinea; Pierrette
Berthold, Quebec; Margaret
Briggs, England; M. Colombini;
Conseiller Culturel,
Guadeloupe; H. Cronel,
Cameroun; Pierre Faugère,
Togo; Alan Frith, England; Eric
Garner, England; Pamela
Goodman-Stephens, England;
R. Guilleneuf, Benin; Derek
Hewett, England; Alex Hume,
England; Inspecteur
d'Académie, Corsica; Richard
Johnstone, Scotland; Cathy
Knill, England; Jean-Luc Lebras,
Ivory Coast; Michel Morand,
Togo; John Pearson, England;
Dr R C Powell, England; Leila
Rabet, Algeria; Emma Rogers,
England; François Rouget,
Jersey; Sheila Rowell, England;
Mary Ryan, England; Henri
Scepi, Jersey; Margaret
Tumber, England;
M. Vanini, Jersey; Pamela
Walker, England; Peter Walker,
England; Jane Willis, England;
Christine Wilson, England.

Also students and teachers
from the following
establishments:

France:

Collège Camus, Neuville-les-
Dieppe (especially Jeanine
Godeau); Collège Marc
Seignobos, Chabeuil
(especially Mmes Arnaud, Oziol
and Cros); Institut Notre
Dame, La Flèche (especially
Philippe Heuland and Chantal
Heuland); Lycée Camille
Vernet, Valence (especially
M. le Notre); MJC Polygone,
Valence

Other countries:

Centre des Arts, Guadeloupe;
Collège Béninois, Benin;
Collège Général de Gaulle,
Guadeloupe; Collège Jean
Mermoz, Ivory Coast; Collège
de Lucciana, Corsica; Collège
du Vieux Lycée, Corsica; Ecole
Fondamentale Montagne 1,
Algeria; Ecole Française,
Congo; Ecole de Lomé, Togo;
Lycée Français, Cameroun;
Lycée Français, Guinee; Lycée
Français, England; Polyvalente
Deux Montagnes, Quebec;
Polyvalente Saint Eustache,
Quebec

Songs

Lyrics by Lawrence Briggs,
Bryan Goodman-Stephens,
Jasper Kay and Andrew Colley;
music by Jasper Kay and
Andrew Colley.

Illustrations

Alphonse et ... cartoon: words
by Paul Rogers and art by
Jacques Sandron.
Mots en image by
Cathy Muller.
Arlene Adams; Alan Adler;
Debi Ani; John Barrett; Judy
Brown; Isabelle Carrier; Martin
Chatterton; Eimear Crawford;
Sally A. Davies; Jane Dodds;
Angela Dundee; Peter Ferris;
Brian Fitzgerald; Neil Gower;
Maxine Hamil; Kristen Hilliard;
Peter Joyce; Tim Kahane; Mark
McConnell; Lucy Richardson;
Rachel Ross; Tony Simpson;
Caroline Smith; Pippa Stern;
Dennis Tinkler; Chris Vine;
Emma Whiting; Judith
Wisdom;

Photographs

John Clark: p52; Mike Dent: pp
29, 34, 55, 67, 73, 86, 88, 102,
104, 113, 114; Greg Evans:
pp81, 103; Keith Gibson: p73;
Robert Harding: pp81, 102;
Image Bank: pp116, 121;
Philippe Pacher: p45; Picture
Point: p120; Chris Ridgers:
pp81, 89, 91, 96, 98; David
Simson: pp8, 10, 17, 22, 34, 42,
43, 45, 46, 54, 69, 71, 73, 78, 82,
92, 114, 116, 117; Tony Stone:
pp81, 122; Thomsons: p123;
Dawn Wilson: p122. All other
photos by Paul Rogers and
Nelson.

Every effort has been made to
trace all copyright holders, but
the publishers will be pleased
to make the necessary
arrangements if there have
been any omissions.

WELCOME TO ROUTE NATIONALE!

 You are about to set off on a journey  that will lead you towards understanding and using French.

Some of the time you'll be travelling along ROUTE NATIONALE with your teacher, but at the end of every chapter there is a section called *entrée libre*, where you'll be able to choose for yourself which way to go.

If you want to take your time and check that you've understood things so far, take the Route Touristique (RT). If you're ready to try out what you've already learned, take the Route Directe (RD). If you want to move faster, then the Autoroute (A) is for you. For all three routes you can ask your teacher for answer sheets so that you can check how you're getting on and a profile sheet to record your progress.

At the back of the book you can look up words or phrases that you've forgotten or don't understand and find extra help with grammar.

You'll find English translations of the *entrée libre* instructions too.

Bon courage et bonne route!

CONTENTS PAGE

1 SALUT! — 4

1	Dire comment tu t'appelles	Saying what your name is
2	Dire où tu habites	Saying where you live
3	L'écriture française	French handwriting

2 NOUS VOILA! — 18

1	Compter jusqu'à vingt et dire ton âge	Counting to 20 and saying how old you are
2	Parler de tes frères et sœurs	Talking about your brothers and sisters
3	Parler de ta famille	Talking about your family

3 NOS AMIS LES ANIMAUX — 30

1	Parler de tes animaux	Talking about your pets
2	Parler de tes animaux préférés	Talking about your favourite animals
3	Les chiffres de 21 à 100	Numbers 21 – 100

4 J'AIME ÇA! — 42

1	Parler de ce que tu aimes faire	Talking about what you like doing
2	Parler de ce que tu fais le week-end	Talking about what you do at the weekend
3	Parler de ce que tu n'aimes pas faire	Talking about what you don't like doing

5 MERCI, MERCI — 54

1	Parler de ce que tu as reçu comme cadeau	Talking about presents
2	Donner la date de ton anniversaire	Saying when your birthday is
3	Parler de ton anniversaire	Talking about your birthday

6 MIAM, MIAM! — 66

1	Parler du petit déjeuner	Talking about breakfast
2	Parler du déjeuner et du dîner	Talking about lunch and evening meals
3	Parler des glaces et des snacks	Talking about ice creams and snacks

7	EN VILLE		78
1	Parler de ta ville ou ton village	Talking about your town or village	
2	Demander et donner des directions	Asking for and giving directions	
3	L'argent français	French money	

8	QUAND, ALORS?		90
1	Demander et donner l'heure	Asking and telling the time	
2	Donner des heures précises	Giving exact times	
3	Prendre des rendez-vous	Arranging to meet	

9	EN ROUTE		102
1	Parler de moyens de transport	Talking about means of transport	
2	Voyager en train	Travelling by train	
3	Prendre le bus	Taking the bus	

10	BONNES VACANCES		114
1	Parler des vacances	Talking about holidays	
2	Parler du temps	Talking about the weather	

Le code de la route	126
Entrée libre instructions	133
Vocabulaire français — anglais	135
Vocabulaire anglais — français	141

Objectif 1

Dire comment tu t'appelles

🔲 **Salut!**

Bonjour! Je m'appelle Fanch.

Salut! Je m'appelle Stéphanie.

Bonjour! Je m'appelle Nicolas.

Bonjour! Je m'appelle Sandra.

Salut! Je m'appelle Romain.

Salut! Je m'appelle Séverine.

C'est Fanch?

Qui est-ce?

C'est Fanch? Oui!

C'est Nicolas? Non!

Photos de bébé

Voici Fanch, Sandra, Nicolas, Séverine, Romain et Stéphanie comme bébés. Mais où est Fanch? Et Sandra?

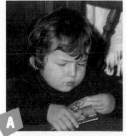
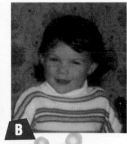

A B C D

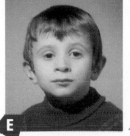
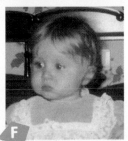

E F

Des prénoms

Garçons	Filles
Romain	Séverine
Thomas	Blandine
Guillaume	Fabienne
Luc	Martine
Fabrice	Nadège
Yannick	Elsa
Jérôme	Anne-Marie
Raphaël	Céline

Rappel

Salut! Bonjour!	Je m'appelle	Romain. Séverine.	Et toi?
Qui est-ce?	C'est	Nicolas. Sandra.	

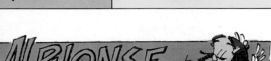
ALPHONSE et...

JE M'APPELLE... BATMAN!

JE SUIS... ROCKY!

SALUT! QUI EST-CE?

JE M'APPELLE...

ALPHONSE! SALUT ALPHONSE!
?

ÇA VA? TU T'APPELLES ALPHONSE? HÉ HÉ HÉ ALPHONSE!
OUAHAHA!

MERCI LES GARS!

Dire où tu habites

Ici on parle français

Je m'appelle Annie.
J'habite au Québec.
Ici on parle français.

Québec

Jersey

France

Andorre

Tunisie

Maroc

Algérie

Guadeloupe
Martinique

Mauritanie

Mali

Sénégal

Guinée

Burkina Faso

Côte d'Ivoire

Togo

Bénin

Cameroun

Gabon

Je m'appelle Lynda.
J'habite aux Antilles,
à la Guadeloupe. Ici
on parle français.

Antilles

Guyane

Polynésie Française

Océan Atlantique

Je m'appelle Vincent.
J'habite en France,
à Valence.

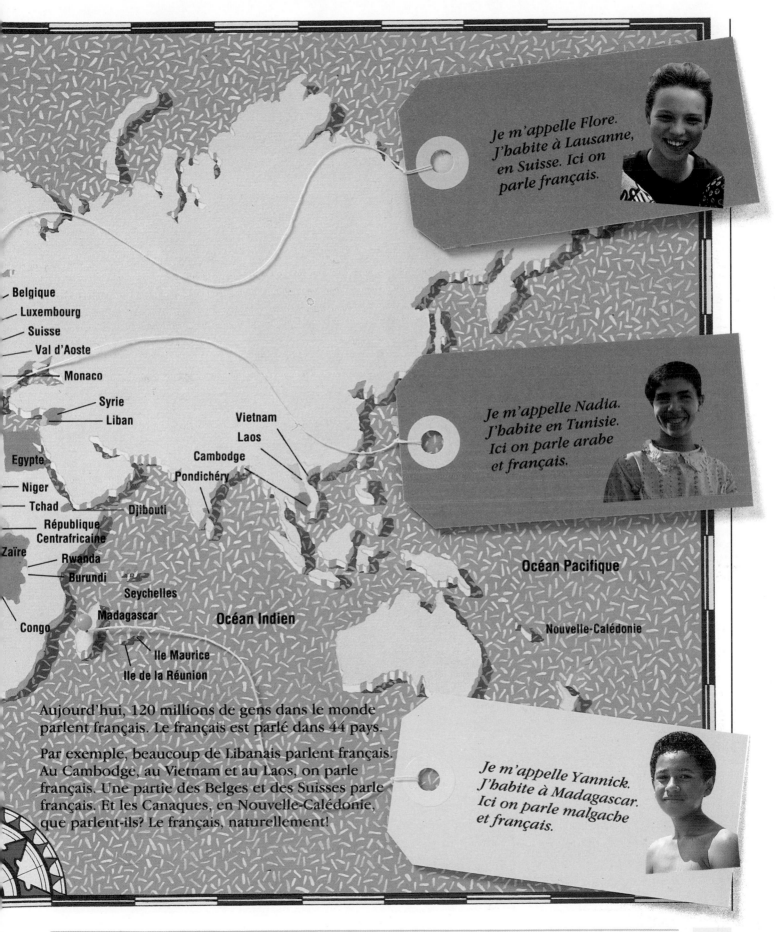

Belgique
Luxembourg
Suisse
Val d'Aoste
Monaco
Syrie
Liban
Egypte
Niger
Tchad
République
Centrafricaine
Zaïre
Rwanda
Burundi
Congo
Seychelles
Madagascar
Ile Maurice
Ile de la Réunion

Vietnam
Laos
Cambodge
Pondichéry
Djibouti

Océan Indien

Océan Pacifique

Nouvelle-Calédonie

Je m'appelle Flore. J'habite à Lausanne, en Suisse. Ici on parle français.

Je m'appelle Nadia. J'habite en Tunisie. Ici on parle arabe et français.

Je m'appelle Yannick. J'habite à Madagascar. Ici on parle malgache et français.

Aujourd'hui, 120 millions de gens dans le monde parlent français. Le français est parlé dans 44 pays.

Par exemple, beaucoup de Libanais parlent français. Au Cambodge, au Vietnam et au Laos, on parle français. Une partie des Belges et des Suisses parle français. Et les Canaques, en Nouvelle-Calédonie, que parlent-ils? Le français, naturellement!

Où habite Christelle?

 Regarde les photos et écoute la cassette.
Où habite Christelle? Et Mouloud?

Christopher

Hafsa

Christelle

Eric

Gaël

Mouloud

Stéphane et Stéphanie

Complète la conversation en choisissant les mots justes. Ecris la conversation dans ton cahier.

– Salut!

– _____! Tu habites ici?

– Non, non. J'_____ en Suisse. Et _____?

– Moi, j'habite _____ Lyon.

– Tu _____ comment?

– Stéphanie.

– Ah oui? Moi, je _____ Stéphane!

à

t'appelles

toi

Salut

m'appelle

habite

Rappel

Tu t'appelles comment?	Je m'appelle			Stéphane. Céline.
Tu habites où?	J'habite à	Lyon Lausanne	en	France. Suisse.
		Casablanca Montréal	au	Maroc. Québec.

Je suis québécois

🎞️ Regarde le texte et écoute la cassette. De quelle nationalité sont les quatre jeunes?

Je m'appelle Yann. Je suis québécois. J'habite au Québec.

Je m'appelle Anthony. Je suis français. J'habite à Valence.

Je m'appelle Sophie. Je suis belge. J'habite à Bruxelles.

Je m'appelle Céline. J'habite à Pointe-à-Pitre, à la Guadeloupe. Je suis guadeloupéenne.

Nationalités

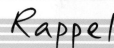 Ecoute la cassette. Ces jeunes sont de quelle nationalité?

Cécile

Isabelle

Martin

Ahmed

Jean-François

Clémentine

Michèle

Sylvain

Et toi, tu es de quelle nationalité?

**J'habite en Angleterre.
Je suis anglais.
Je suis anglaise.**

**J'habite en Irlande.
Je suis irlandais.
Je suis irlandaise.**

**J'habite en Ecosse.
Je suis écossais.
Je suis écossaise.**

**J'habite au Pays de Galles.
Je suis gallois.
Je suis galloise.**

Rappel

Tu es de quelle nationalité?	Je suis	français. française. québécois. québécoise. guadeloupéen. guadeloupéenne. suisse. belge.

 L'écriture française

Villes françaises

Voici les noms de six villes françaises. Nous avons demandé à Romain, Séverine et Stéphanie: 'Comment s'écrit Bordeaux?' Ecoute leurs réponses. Qui a raison?

ANNECY

QUIMPER

MARSEILLE

BORDEAUX

FONTAINEBLEAU

CAHORS

L'alphabet

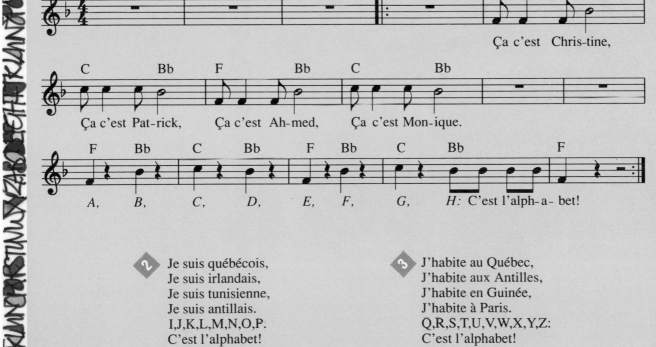

Ça c'est Christine,
Ça c'est Pat-rick, Ça c'est Ah-med, Ça c'est Mon-ique.
A, B, C, D, E, F, G, H: C'est l'alph-a- bet!

2
Je suis québécois,
Je suis irlandais,
Je suis tunisienne,
Je suis antillais.
I,J,K,L,M,N,O,P.
C'est l'alphabet!

3
J'habite au Québec,
J'habite aux Antilles,
J'habite en Guinée,
J'habite à Paris.
Q,R,S,T,U,V,W,X,Y,Z:
C'est l'alphabet!

L'écriture française

$\mathcal{ABCDEFGHIJKLMNOPQRSTUVWXYZ}$

$a\,b\,c\,d\,e\,f\,g\,h\,i\,j\,k\,l\,m\,n\,o\,p\,q\,r\,s\,t\,u\,v\,w\,x\,y\,z$

Guillaume

Guillaume

Stéphanie

Stéphanie

Florence

Florence

Cahier d'appel

Copie la liste dans ton cahier. Puis, écoute la cassette. Le prof fait l'appel. Qui est absent?

Classe de 6ème b

BABOUR Martin
BERGLEZ Romain
BOISONNIER Yann
BOUTEYRE Nicolas
GAILLET Éric
CHARRAS Sylvain
CHIROUZE Romain
ETTEN Maika
FEJOZ Stéphanie
FRAGNOL Frédéric
FRAYSSE Nadège
GARNIER Edwige
MARTINENT Stéphane
MOULIN Sandra
NOYER Richard
OLAGNON Carole
PALPACUER Gholain
REBELLO Séverine
RIFFORD Fanch
ROCHAS Natalie
ROMAROSON Stéphane
SOULIER Jérôme
TSIMPITRY Martine
VIVANT Thomas

Vrai ou faux?

Lis le texte et décide si c'est vrai ou faux.

A

Je m'appelle Nicolas. Je suis Français.

B

moi j'habite à la Guadeloupe. Je m'appelle Leila.

C

Salut ! Je m'appelle Séverine. Je suis en 6ème b.

D

Bonjour ! Je suis belge. Je m'appelle Marie-France.

Carte d'identité

Regarde cette carte d'identité. Puis, remplis une carte d'identité toi-même!

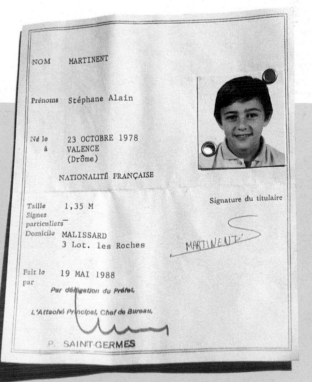

RÉPUBLIQUE FRANÇAISE

PRÉFECTURE de la DRÔME

CARTE NATIONALE D'IDENTITÉ

Valable dix années à partir de la date d'émission

115

F T 45744

NOM MARTINENT

Prénoms Stéphane Alain

Né le 23 OCTOBRE 1978
à VALENCE
(Drôme)

NATIONALITÉ FRANÇAISE

Taille 1,35 M
Signes particuliers —
Domicile MALISSARD
3 Lot. les Roches

Fait le 19 MAI 1988
par

Signature du titulaire

MARTINENT

Par délégation du Préfet,

L'Attaché Principal, Chef de Bureau,

P. SAINT-GERMES

Mots en image

la salle de classe

Regardez le tableau..!!

la fenêtre

la porte

Madame le professeur

le tableau

l'écran

le rétroprojecteur

un élève

le magnétophone

le cahier

le stylo

la chaise

le cartable

la table

le livre

Rappel

Entrez. Asseyez-vous. Ecoutez. Répétez.	Regardez		le tableau. la liste.	Ça s'écrit comment?
	Ouvrez Fermez	vos	livres. cahiers.	
	Prenez		crayons. stylos.	

Station service

Introducing yourself

| Bonjour! Je m'appelle | Romain. | Hello! My name's Romain. |
| | Anne. | Hello! My name's Anne. |

| J'habite à | Lyon, en France. | I live in Lyon, in France. |
| | Casablanca, au Maroc. | I live in Casablanca, in Morocco. |

| Je suis | français. | I'm French. |
| | française. | |

127

Asking about someone else

Tu	t'appelles comment?	What's your name?
	habites où?	Where do you live?
	es de quelle nationalité?	What nationality are you?

| Je suis | irlandais. Et toi? | I'm Irish. What about you? |
| | irlandaise. Et toi? | |

Talking about another person

| Qui | est-ce? | Who is it? |
| | est absent? | Who's away? |

| C'est | Nicolas. | It's Nicolas. |
| | Sandra. | It's Sandra. |

1 Prénoms brouillés

Regarde la liste des prénoms à la page 5. Tu peux décoder ces prénoms?

Exemple

CLU = Luc

RAFIBEC

RAMINET

NIBEENAF

AUMULILEG

ILNEEC

SMOATH

LEAS

CLU

1 C'est quel prénom?

Relie les groupes de lettres et trouve des prénoms.

Exemple

Fab

Nic

Séve

Jér

rine

ain

ienne

ine

ice

olas

as

ôme

Thom

Fabr

Mart

Rom

Qu'est-ce qu'on dit?

Ecris ce que chaque personne dit.

Exemple

Romain: Je m'appelle Romain. Je suis français.

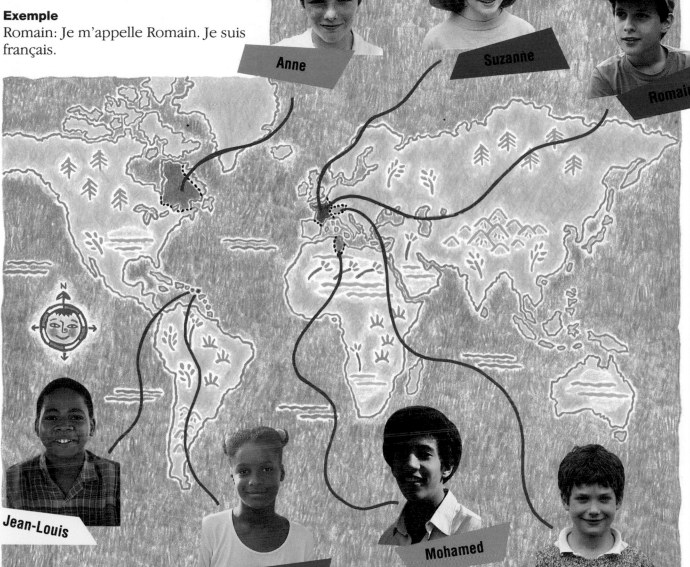

entrée libre

Anne

Suzanne

Romain

Jean-Louis

Patricia

Mohamed

Bernard

Conversation brouillée

Ecris la conversation dans le bon ordre. Commence par:

 Salut! Je m'appelle Jean-Marc.
– Non. Moi, j'habite à Dieppe.
– David.
– Tu habites à Calais?
– Tu t'appelles comment?
– Salut!
– Oui. Et toi?

A toi!

Ecris ton prénom en écriture française.

Exemple
Debbie   Christopher

Debbie   *Christopher*

Objectif 1

Compter jusqu'à vingt et dire ton âge

Route Nationale 1

Regarde la carte de la France. De Paris à Calais, c'est la Nationale 1. Et de Paris à Strasbourg, c'est quel numéro?

1	un	11	onze
2	deux	12	douze
3	trois	13	treize
4	quatre	14	quatorze
5	cinq	15	quinze
6	six	16	seize
7	sept	17	dix-sept
8	huit	18	dix-huit
9	neuf	19	dix-neuf
10	dix	20	vingt

Calais — Lille — N1 — Cherbourg — Le Havre — Rouen — N17 — Brest — N13 — N15 — N15 — N14 — Paris — Strasbourg — Caen — N12 — Orléans — N4 — Tours — N7 — N10 — Poitiers — La Rochelle — N11 — Moulins — N20 — N9 — N10 — Clermont-Ferrand — Lyon — Bordeaux — N7 — Avignon — Toulouse

Le hit-parade

 Regarde le hit-parade et écoute la cassette. Fais des dialogues avec ton/ta partenaire.

Exemple

A – C'est à moi?

B – Oui, c'est à toi.

A – D'accord. Quel est le numéro 2?

B – C'est 'Crazy about you'.

A – Et le numéro 3?

B – 'Forget it'.

A – "Toi et Moi", c'est quel numéro?

B – C'est le numéro 9.

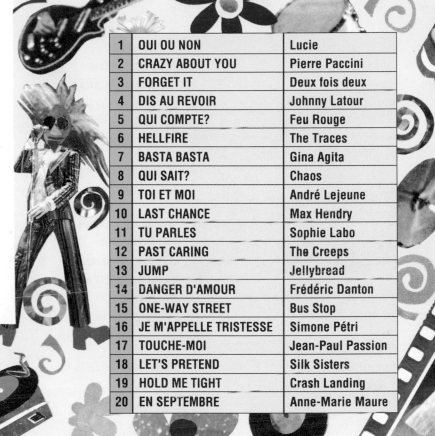

1	OUI OU NON	Lucie
2	CRAZY ABOUT YOU	Pierre Paccini
3	FORGET IT	Deux fois deux
4	DIS AU REVOIR	Johnny Latour
5	QUI COMPTE?	Feu Rouge
6	HELLFIRE	The Traces
7	BASTA BASTA	Gina Agita
8	QUI SAIT?	Chaos
9	TOI ET MOI	André Lejeune
10	LAST CHANCE	Max Hendry
11	TU PARLES	Sophie Labo
12	PAST CARING	The Creeps
13	JUMP	Jellybread
14	DANGER D'AMOUR	Frédéric Danton
15	ONE-WAY STREET	Bus Stop
16	JE M'APPELLE TRISTESSE	Simone Pétri
17	TOUCHE-MOI	Jean-Paul Passion
18	LET'S PRETEND	Silk Sisters
19	HOLD ME TIGHT	Crash Landing
20	EN SEPTEMBRE	Anne-Marie Maure

Tu as quel âge?

Ecoute la cassette et lis le texte.

Salut! Je m'appelle Thomas. J'ai douze ans.

Je m'appelle Claire. J'ai onze ans.

Je m'appelle Natacha. Moi, j'ai quatorze ans.

 Moi, je m'appelle Jean-François. J'ai vingt ans.

Rappel

Tu as quel âge?	J'ai	onze douze treize	ans.

Objectif 2

Parler de tes frères et sœurs

Trois familles

 Ecoute la cassette et lis le texte.

Je m'appelle Mathieu. J'ai onze ans. Je suis fils unique.

Je m'appelle Fanch. J'ai douze ans. J'ai un frère et une sœur.

Je m'appelle Sandra. J'ai douze ans. J'ai un frère de sept ans.

C'est quelle famille?

Travaille avec un(e) partenaire. Choisis à tour de rôle une famille. Ton/ta partenaire pose des questions.

Tu réponds par 'oui' ou par 'non'. C'est quelle famille?

Exemple
A – C'est à toi?
B – Non. C'est à toi!

A – J'ai choisi.
B – Tu as des frères?
A – Oui.
B – Tu as deux frères?
A – Non.
B – Tu as un frère?
A – Oui.

B – Tu as des sœurs?
A – Non.
B – Alors, c'est la famille numéro un!
A – Oui.

 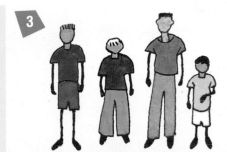

Rappel

Tu as des frères et des sœurs?	Oui, j'ai	un frère. une sœur. deux frères. trois sœurs.	
	Non, je suis	fils fille	unique.

Objectif 3 *Parler de ta famille*

Ma famille

Ecoute la cassette et lis le texte.

Je m'appelle Annie. J'ai une sœur, qui s'appelle Dominique. Elle a dix ans.

Moi, j'ai deux frères. Ils s'appellent Pierrick et Thibault. Pierrick a dix ans et Thibault a un an. J'ai aussi une sœur qui s'appelle Caroline, elle a six ans.

Je m'appelle Anne-Marie. J'ai treize ans. J'ai deux sœurs. Elles s'appellent Chantal et Aude. J'ai aussi un frère. Il s'appelle Fabrice. Il a neuf ans.

Nous voilà!

Nous voi - là _____ sur la rou - te na - tion - al - e, _____

Nous voi - là _____ sur la rou - te na - tion - ale, _____

Tou - te la fam - ille, Mon père, ma mère aus - si. Mon frère ai-

-né Re - né Ma pe - tite sœur Syl - vie. _____

2 Toute la classe est là,
Le prof, les filles, les gars,
Et mon ami Vincent,
Qui est vraiment très bizarre.

3 Tout le monde est là,
Les jeunes et les vieux,
Les grands et les petits,
Les dames et les messieurs.

Qui parle?

Regarde ces quatre familles et écoute la cassette. Qui parle?

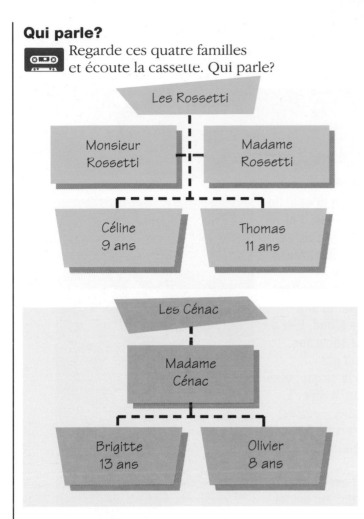

Les Rossetti

Monsieur Rossetti — Madame Rossetti

Céline 9 ans — Thomas 11 ans

Les Cénac

Madame Cénac

Brigitte 13 ans — Olivier 8 ans

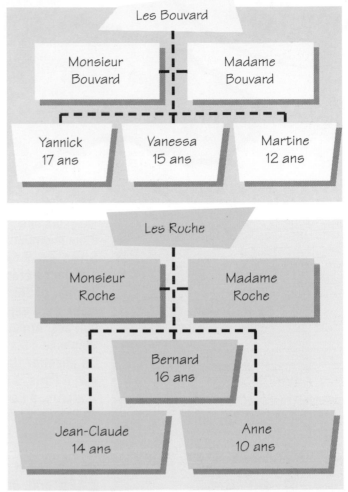

Les Bouvard

Monsieur Bouvard — Madame Bouvard

Yannick 17 ans — Vanessa 15 ans — Martine 12 ans

Les Roche

Monsieur Roche — Madame Roche

Bernard 16 ans

Jean-Claude 14 ans — Anne 10 ans

Ils ont quel âge?

Regarde les photos. Ils ont quel âge, ces jeunes?
Devine!

Karine

Mathieu

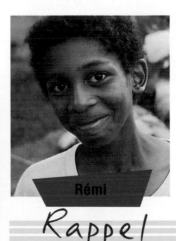

Rémi

Sandrine

Olivier

Valérie

Rappel

Il Elle	a	dix onze douze	ans.
	s'appelle	Benoît. Sandrine.	
Ils Elles	s'appellent	Yannick et Fanch. Martine et Aude.	

cirque national

ALEXIS GRUSS

Salut! Je m'appelle Firmin Gruss. J'ai dix ans et je suis né dans le cirque. Mon père, Alexis Gruss, est le directeur. J'ai deux frères, qui s'appellent Armand et Stéphane, et une sœur, qui s'appelle Maud. Elle a huit ans. Armand a seize ans. Stéphane a dix-neuf ans. Où j'habite? Dans le cirque, bien sûr! A Paris, à Lyon, à Nice, à Toulouse, à Bordeaux – partout en France. Et des fois en Suisse, en Italie et en Angleterre aussi!

Maud et moi avec notre prof, Brigitte, qui habite aussi dans le cirque. La caravane, c'est notre salle de classe!

Ça, c'est moi, avec l'éléphant, qui s'appelle Cynda.

De gauche à droite:

⭐ Patrick (oncle)
⭐ Martine (tante)
⭐ Bébert (oncle)
⭐ Firmin (moi)
⭐ Gypsy (maman)
⭐ Armand (frère)
⭐ Alexis (papa)
⭐ Stéphane (frère)
⭐ Patrick junior (cousin)
⭐ Eddie (cousin)
⭐ Isabelle (cousine)
⭐ Bella (tante)

On est une grande famille!

Vrai ou faux?

1 Firmin a une sœur et un frère.
2 Maud a huit ans.
3 Elle est sur la photo à la page 25.
4 Firmin a deux oncles dans le cirque.
5 Mme Gruss s'appelle Martine.
6 M. et Mme Gruss ont trois enfants.
7 L'éléphant s'appelle Cynda.
8 Le cirque Gruss est français.

Cher correspondant

Lis la lettre de Clément.
Qu'est-ce qu'il dit?

Maintenant écris une
réponse.

> Poitiers le 2 octobre
>
> Cher correspondant,
> Salut! Je m'appelle Clément Gousset.
> Je suis ton correspondant français. J'ai
> treize ans et j'habite à Poitiers. Dans
> ma famille il y a moi, mes parents, et
> mes deux soeurs, qui s'appellent Isabelle
> et Karine. Isabelle a dix ans et Karine a
> huit ans. Toi, tu as des frères et des soeurs?
> Et tu as quel âge? Ecris-moi bientôt!
>
> Clément

Relie!
Trouve la bonne réponse à chaque question.

Tu t'appelles comment?
Tu as quel âge?
Tu as des frères et des sœurs?
Il a quel âge, ton frère?
Et il s'appelle comment?
Et ta sœur, elle a quel âge?
Elle s'appelle comment?
Tu habites où?
C'est en France, ça?
Alors, tu es suisse?

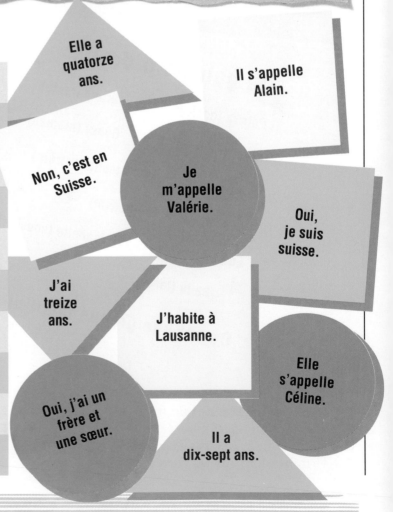

Elle a quatorze ans.

Il s'appelle Alain.

Non, c'est en Suisse.

Je m'appelle Valérie.

Oui, je suis suisse.

J'ai treize ans.

J'habite à Lausanne.

Elle s'appelle Céline.

Oui, j'ai un frère et une sœur.

Il a dix-sept ans.

Station service

Asking someone about their age and their family

| Tu as | quel âge? | How old are you? |
| | des frères et des sœurs? | Do you have any brothers and sisters? |

Talking about your own age and family

| J'ai | douze ans. | I'm twelve. |
| | quatorze ans. | I'm fourteen. |

| Oui, j'ai | un frère et une sœur. | Yes, I have a brother and a sister. |
| | deux sœurs. | Yes, I have two sisters. |

| Non, je suis | fils unique. | No, I am an only child. |
| | fille unique. | |

Talking about someone else

| Mon frère | s'appelle Stéphane. | My brother is called Stéphane. |

| Il | a huit ans. | He is eight. |

| Ma sœur | s'appelle Céline. | My sister is called Céline. |

| Elle | a vingt ans. | She is twenty. |

| J'ai | un frère qui s'appelle Sylvain. | I have a brother called Sylvain. |
| | une sœur qui s'appelle Claire. | I have a sister called Claire. |

1 Code secret

RD Déchiffre le code.

Exemple

| six | dix-huit | un | quatorze |
| trois | cinq | = | France |

1 seize huit quinze vingt quinze
2 trois quinze treize deux neuf cinq quatorze
3 six un treize neuf douze douze cinq
4 seize un dix-huit neuf dix-neuf
5 dix-huit cinq sept un dix-huit quatre cinq

Exemple

| descend | = | quatre | cinq | dix-neuf |
| trois | cinq | quatorze | quatre | |

6 cahier
7 alphabet
8 nationale

2 Remplis les blancs

RD Recopie les phrases et remplis les blancs en choisissant les mots justes.

Exemple

Je m'appelle Danny. J'ai *quinze* ans.

RD Vrai ou faux?

1 Il y a trois photos à la page 20.

2 A la page 19 il y a huit photos.

3 Il y a dix filles dans la classe de 6ème b.

4 Il y a quatorze photos à la page 24.

5 Il y a douze pages dans le chapitre un.

6 Il y a vingt lettres dans l'alphabet.

7 Il y a cinq garçons sur les photos à la page 23.

8 Il y a dix lettres dans le mot 'Guadeloupe'.

parents — Sœur — fille — quinze — frère — fils — frères — habite

Je m'appelle Danny. J'ai _____ ans, ça c'est mon _____ Mathias.

Je suis _____ unique. Mes _____ sont séparés. J'habite avec ma mère.

Bonjour! Je m'appelle _____ Marie-Hélène. J' _____ à Chabeuil en France.

Tu as des _____ et des sœurs, toi? Non, je suis _____ unique.

3 Trois lettres

Voici trois lettres adressées à des jeunes d'un collège en Grande-Bretagne. Quelle photo va avec quelle lettre?

A

Salut!

Je m'appelle Marie-Thérèse. Je cherche un correspondant ou une correspondante. J'ai douze ans, j'adore la musique et le tennis, et j'habite en Normandie, à Caen. Au collège je suis en sixième. Nous sommes cinq dans la famille. Mon père, ma mère, mes deux sœurs et moi. Tu as des frères ou des sœurs? Écris-moi et parle-moi un peu de ta famille.

Amitiés.

Marie-Thérèse

Caen le 18/10

SALUT !!

Je m'appelle Florence. Mon prof d'Anglais m'a donné ton adresse, j'espère que tu seras ma correspondante. J'ai douze ans et demi. Je suis fille unique. Voici une photo de moi avec mes parents. J'habite à Caen en Normandie.

J'ATTENDS TA LETTRE !!!

Florence

Salut! Je suis ta nouvelle correspondante française. Je m'appelle Nathalie, j'ai douze ans et j'habite à Caen dans le nord de la France. Toi, tu as quel âge? Tu as des frères et des sœurs? Moi, j'ai un frère qui s'appelle Alexandre. Il est sur la photo. Il a sept ans et il est vraiment pénible!

En attendant ta lettre

Nathalie

B

Objectif 1 — Parler de tes animaux

Tu as un animal à la maison?

Regarde les photos et écoute la cassette.

J'ai un chat qui s'appelle Boule.

Fanch

Romain

J'ai un chien qui s'appelle Enzo.

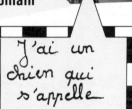

J'ai un lapin. Il s'appelle Ponpon.

Sandra

J'ai un poney qui s'appelle Myrtille. J'ai aussi trois chiens et une chatte.

Stéphanie

Quel animal!

Cet animal n'existe pas. C'est un collage de six animaux différents. Mais lesquels?

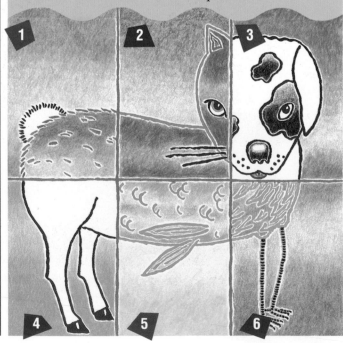

Poésie

A toi maintenant! Ecris des poèmes comme ça.

Sondage: les animaux

Voici les résultats du sondage de la classe 6ème b. On a posé la question: 'Tu as un animal à la maison?'

Maintenant fais un sondage dans ta classe. Représente les résultats dans un diagramme.

Les 55 millions de français ont 30 millions d'animaux domestiques. Il y a 10 millions de chiens en France et 7 millions de chats!

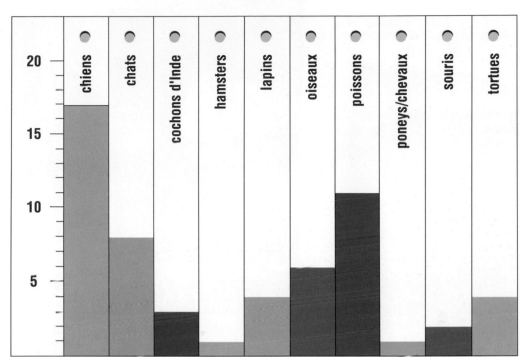

Rappel

Tu as	un animal des animaux	à la maison?	Oui, jai	un chien. une souris blanche. deux chats. un lapin et une tortue.
			Non, je n'ai pas d'animal.	
Tu as combien de			poissons rouges? cochons d'Inde?	

Nos amis les animaux
De quoi s'agit-il?

EXPOSITION INTERNATIONALE FELINE

les plus beaux chats du monde

SAMEDI 9 DIMANCHE 10 JUIN 1990

VALENCE PARC DES EXPOSITIONS
10, AVENUE G. CLEMENCEAU

CAT CLUB COTE D'AZUR - PROVENCE

Visitez à UPIE
LE JARDIN aux OISEAUX
OUVERT TOUS LES JOURS
Tél: 84.45.90
Bar - Buffet

PROMENADE À CHEVAL

doko
TOUJOURS D'ACCORD POUR DOKO

la gamme d'aliments pour chiens

LE CHAT mousse

● 13 ans, désire correspondre avec garçon ou fille de 12 à 18 ans, aimant les animaux et possédant un cheval ou un poney.
Anne-Claire Boulanger
35, rue du Maire Dukas
77270 Villeparisis

● 12 ans, cherche correspondante de mon âge aimant les chats, les chiens et les oiseaux.
Aude Perez
22, avenue Aristide-Briand
92799 Colombes

● Recherche documents et posters de colley, berger allemand et huskey. Possibilité d'échange.
Stéphane Durand
4, rue de Potte
02100 Saint-Quentin

Mots en image

la cabane à lapins · le perroquet · la cage · le bocal · l'aquarium · la gerbille · le chaton · la niche · le chiot · le panier

J'aime les chats

Ecoute la cassette. On a demandé à dix jeunes: 'Tu aimes les animaux?' Ecoute leurs réponses.

Tu aimes les souris?

Choisis six animaux et demande à tes amis:
'Tu aimes les ...?'
Note les réponses.

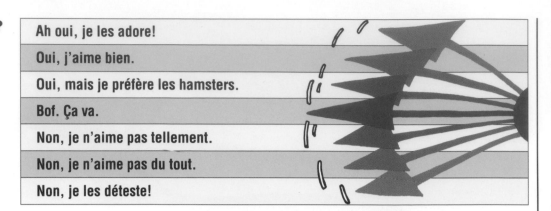

Ah oui, je les adore!
Oui, j'aime bien.
Oui, mais je préfère les hamsters.
Bof. Ça va.
Non, je n'aime pas tellement.
Non, je n'aime pas du tout.
Non, je les déteste!

Moi, je préfère ...

Regarde l'image et écris le texte d'une interview avec un(e) de ces cinq jeunes.

Exemple

– Emmanuelle, tu aimes les chats?
– Ah oui, je les adore.
– Et les souris?

Maintenant travaille avec un(e) partenaire. Choisis à tour de rôle une personne. Pose des questions pour trouver l'identité de ton/ta partenaire.

Exemple

A – C'est à moi?
B – Oui, c'est à toi.
A – Tu aimes les chiens?
B – Ça va.
A – Tu aimes les lapins?
B – Oui, je les adore.
A – Tu aimes les chats?
B – Non, je les déteste.
A – Alors, tu es Claire.
B – Oui, c'est ça.

_____ = déteste/n'aime pas

∼∼∼∼ = adore

pas de ligne = ça va

Stéphane   Emmanuelle   Jean-François   Claire   Patrick

J'aime bien les animaux, mais …

Lis les textes et puis regarde les huit phrases.

J'ai des poissons d'aquarium. J'aime beaucoup les chats et les chiens, mais on habite dans un immeuble, alors c'est impossible.
Nathalie Dumeix, Guadeloupe

J'aime bien mon chien. Il est adorable. Mais quand il ne connaît pas quelqu'un, il mord.
Aline Luce, Guadeloupe

J'ai une chatte qui s'appelle Patouche. Elle est très gentille mais ma mère se fâche parce que la chatte griffe la table et les chaises. Marie-Pierre Baltestini, Corse

Moi, j'aime bien les chiens, les chats – tout. Mais c'est mon papa. Il n'aime pas avoir des animaux dans la maison. Rachel Mercier, France

J'ai un chien qui s'appelle Alfa. C'est un berger allemand. Il garde la maison.
Sylvain Charros, France

J'aime bien les animaux, mais ma sœur Céline est allergique, alors on n'en a pas.
Charlotte Giraud, France

Je n'ai pas d'animaux parce que j'habite au 10 ème étage et mes parents n'en veulent pas.
Alik Adrase, Martinique

Nous avons un chien qui s'appelle Lester. L'année dernière Lester a été malade et on ne pouvait pas partir en vacances. Ça, c'était pénible! Stéphanie Guégan, Guinée

Vrai ou faux?

1 Nathalie n'aime pas les chats.
2 Sylvain a un berger allemand qui s'appelle Alfa.
3 Charlotte n'a pas d'animal.
4 Aline adore son chien.
5 Stéphanie n'a pas d'animal.
6 Monsieur Mercier n'aime pas avoir d'animaux dans la maison.
7 Alik aime bien les animaux.
8 Marie-Pierre a une chienne qui s'appelle Patouche.

Rue Lafontaine

Toutes les personnes sur la cassette habitent rue Lafontaine. Mais à quel numéro? Regarde l'image, écoute la cassette, et écris les numéros correspondants.

Exemple

Serge Bézard habite trente, rue Lafontaine.

Rappel

vingt	20
vingt et un	21
vingt-deux	22
trente	30
trente et un	31
trente-neuf	39
quarante	40
cinquante	50
soixante	60
soixante-dix	70
quatre-vingts	80
quatre-vingt-dix	90
cent	100

Numéros de téléphone

 Marion a beaucoup d'amis. Voici une liste de leurs numéros de téléphone. Est-ce que les numéros sont justes? Ecoute la cassette.

Dominique	70 37 12 22
Catherine	70 51 49 07
Thierry	70 13 36 38
Olivier	70 80 47 10
Sémih	70 36 51 50
Valérie	70 44 03 19
Mélanie	70 28 90 11
Eric	70 21 26 57
Mathilde	70 41 55 08
Martine	70 45 14 32
Robert	70 26 52 29
Anne-Sophie	70 05 37 46

Agents secrets

Tu es agent secret.
Tu reçois un message
secret au téléphone.
Lis la conversation, puis
transmets le message
secret à ton agent de
liaison.

– Allô.
– Le serpent est
  arrivé. Je répète:
  le serpent est arrivé.
– D'accord. Merci.
  Au revoir.

Voici les numéros de
téléphone:

1 a 17 24 45 02
  b 56 26 12 19

2 a 18 55 32 27
  b 51 33 06 16

3 a 50 29 13 41
  b 22 11 36 54

4 a 34 07 20 49
  b 42 37 03 28

5 a 04 52 35 10
  b 58 47 44 15

6 a 56 23 40 01
  b 60 31 08 19

7 a 56 26 12 19
  b 38 05 25 43

8 a 39 46 14 53
  b 34 07 20 49

9 a 58 30 09 48
  b 17 24 45 02

10 a 58 47 44 15
   b 18 55 32 27

11 a 42 37 03 28
   b 56 23 40 01

12 a 38 05 25 43
   b 50 29 13 41

13 a 60 31 08 19
   b 58 30 09 48

14 a 51 33 06 16
   b 39 46 14 53

15 a 22 11 36 54
   b 04 52 35 10

Ça vit combien de temps?

Travaille avec un(e) partenaire. Pose des questions à tour de rôle, par exemple: 'Un chat vit combien de temps?' Ne regarde pas ton livre!

Le papillon vit deux mois.

La mouche vit quatre mois.

La souris vit un an.

Le lapin vit huit ans.

Le chat vit quinze ans.

Le cheval vit vingt-cinq ans.

Le chameau vit quarante ans.

Le lion vit cinquante ans.

Le perroquet vit cent ans.

Petites annonces

Regarde les petites annonces.
Ces personnes cherchent un animal.
A quel numéro devraient-ils téléphoner?

Martine

Alexandre

Mme Perrin

Sylvie

Jean-Paul

A donner adorables chatons T.75.17.41.45.

Vends tortue 1 an T.75.36.22.49.

Vends Setter anglais, prix 500F, pedigree, mère champion France, vacciné T.75.33.51.13.

Vends poney, 14 ans, très doux, conviendrait enfant T.75.53.42.60.

Donne chat siamois mâle, 8 ans T.75.09.55.23.

Donne lapins blancs T.75.64.38.04.

Donne 3 bébés hamsters femelles T.75.15.34.31.

A vendre perroquets et perruches, différentes couleurs T.75.26.29.48.

Station service

Talking about pets

Tu as	un animal à la maison?	Do you have any pets?
Non,	je n'ai pas d'animal.	No, I don't have any pets.
Oui, j'ai	un chat qui s'appelle Boule.	Yes, I have a cat called Boule.
	deux lapins et une tortue.	Yes, I have two rabbits and a tortoise.

Talking about which animals you like and dislike

Tu aimes	les chiens?	Do you like dogs?
Oui,	je les adore!	Yes, I love them!
Bof.	Ça va.	They're alright.
Non,	je les déteste!	No, I hate them!
J'aime bien	les hamsters.	I really like hamsters.
Je préfère	les cochons d'Inde.	I prefer guinea pigs.
Je n'aime pas	les souris.	I don't like mice.

Using numbers up to 100

Quel est	ton numéro de téléphone?	What's your telephone number?
C'est le	70 37 12 22.	It's 70 37 12 22.
Serge Bézard habite	trente, rue Lafontaine.	Serge Bézard lives at 30, rue Lafontaine.
Le cheval vit	vingt-cinq ans.	A horse lives for twenty-five years.

1 Qui habite ici?

RD Ecris le nom de l'animal qui habite ici.

Exemple
A – un lapin.

1 Chère Françoise ...

RD Lis la lettre de Cécile. Recopie le texte à droite, puis remplis les blancs.

Guadeloupe, le 10 novembre

Chère Françoise,

Merci de ta lettre ! J'aime beaucoup la photo de toi avec Gustave ! Il est mignon !

Moi, je n'ai pas de chat mais nous avons trois chiens. Ils s'appellent Kookaï, Elfée et Darty. Ici à la campagne, il est nécessaire d'avoir des chiens, comme garde. Malheureusement, je n'ai pas de photo de mes chiens. J'ai aussi une tortue pour m'amuser. La tortue s'appelle Moki ! Elle a vingt ans ! Mon frère Anthony, a un canari qui s'appelle Mandarine. Moi, je n'aime pas tellement. Vous avez des tortues et des canaris en France aussi ?

Ecris-moi bientôt,

Grosses bises,

Cécile

Cécile habite à la <u>Guadeloupe</u> .

Elle a trois _____ qui s'appellent

_____ , _____

et _____ . Elle a aussi une

_____ qui s'appelle Moki.

Son frère s'appelle _____ .

Il a un _____ qui s'appelle

_____ .

Françoise habite en _____ .

Comme animal, elle a un _____

qui s'appelle _____ .

Non-sens

 Trouve l'erreur dans chaque texte.

1

Nous sommes cinq dans la famille - mon père, ma mère, ma sœur Karine et moi. Karine a douze ans. Moi, j'ai quatorze ans.

3

Salut! Je m'appelle Isabelle. J'ai un chien qui s'appelle Médor, et une chatte qui s'appelle Nana. J'ai aussi une souris qui s'appelle Hercule. Médor a sept ans, Nana a dix ans et Hercule a dix-neuf ans. Moi, j'adore les animaux!

2

Je m'appelle Olivier. J'ai un frère et deux sœurs. Je n'ai pas d'animal. Mon frère s'appelle Jérôme et mes sœurs s'appellent Julia et Mélanie. Mon chat s'appelle Minou.

4

Je m'appelle Benoît. Je suis fils unique. Moi, j'aime bien les chiens et les chats. Mais je n'aime pas les poissons. Mon frère a six poissons rouges. Moi, je les déteste!

Les maths

 Fais des calculs en français. Ecris les réponses dans ton cahier.

Exemple

dix-huit + douze = *trente*

1   trente et un + seize = _____

2   cinquante + trente = _____

3   six + neuf + quatorze = _____

4   quarante – quinze = _____

5   vingt-huit – treize = _____

6   soixante – onze = _____

7   dix-neuf – dix-sept = _____

Maintenant, continue la série.

Exemple

trois, six, neuf, *douze*

1   douze, vingt-quatre, trente-six, _____

2   dix, vingt, trente, _____

3   quinze, trente, quarante-cinq, _____

4   vingt-huit, vingt et un, quatorze, _____

5   un, dix, dix-neuf, vingt-huit, _____

6   deux, quatre, huit, seize, _____

7   un, deux, quatre, sept, onze, _____

Compte les animaux!

Il y a combien d'animaux?

Exemple

Il y a cinq souris.

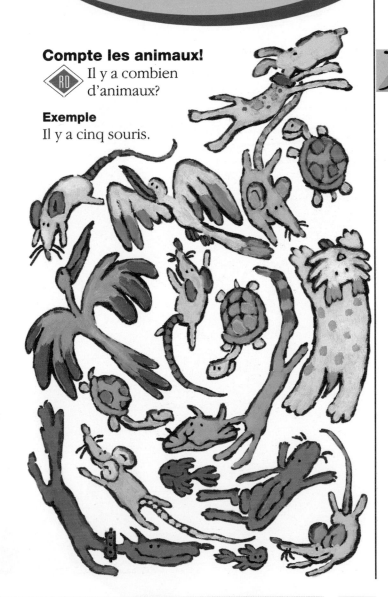

Objectif 1

Parler de ce que tu aimes faire

Qu'est-ce que tu aimes faire?

Ecoute la cassette et lis le texte. Ecris les prénoms des jeunes dans ton cahier et choisis les bonnes réponses en écrivant A, B ou C.

Exemple
Karine – **C.**

A

B

C

D

J'aime beaucoup aller à la piscine.

Karine

J'aime faire les magasins après l'école.

Stéphanie

E

F

J'aime beaucoup aller à la plage après l'école.

Yannick

G

J'aime bien regarder la télé.

Jean-Marc

Moi, regarder une vidéo ou aller en ville avec des copains.

Cédric

J'aime beaucoup écouter de la musique ou aller au cinéma.

Blandine

J'aime beaucoup jouer avec l'ordinateur, aller chez des copains ou aller à la patinoire.

Sandrine

J'aime faire du sport: jouer au tennis ou faire du karaté.

Julien

Rappel

J'aime	beaucoup bien	écouter de la musique. aller en ville. aller à la piscine. jouer au tennis. Jouer avec l'ordinateur. regarder la télé. faire du sport. faire les magasins.

Sondage: loisirs

Comment est la situation dans les pays francophones? On a posé la question: 'Qu'est-ce que tu aimes faire comme loisirs?'

Voici les résultats: Quelle est l'activité la plus populaire en Corse et en Côte d'Ivoire?

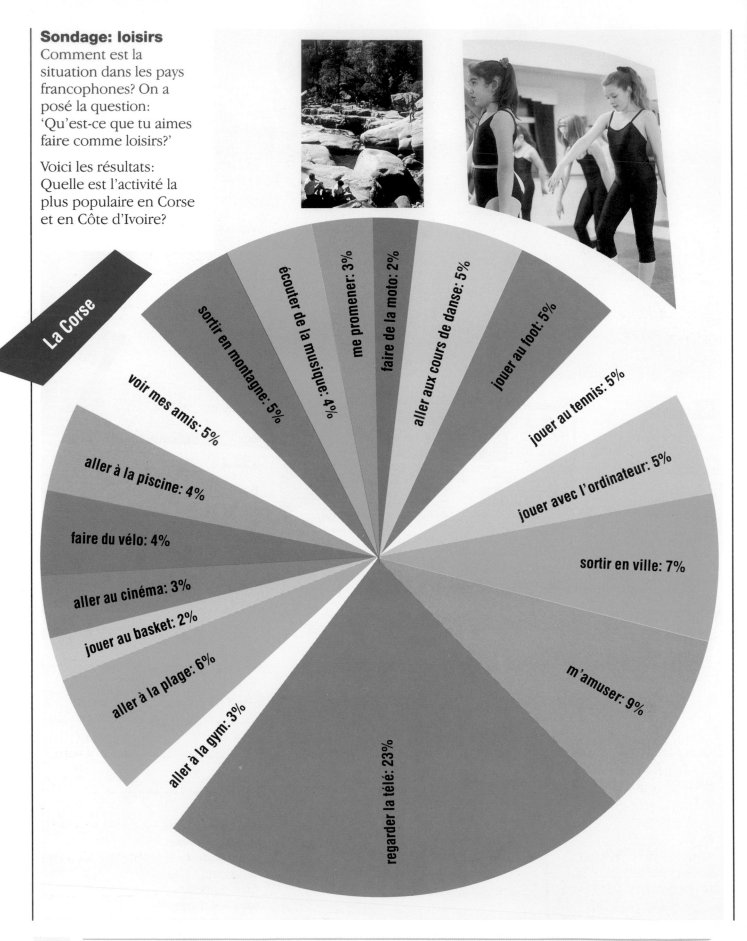

La Corse

sortir en montagne: 5%

écouter de la musique: 4%

me promener: 3%

faire de la moto: 2%

aller aux cours de danse: 5%

jouer au foot: 5%

jouer au tennis: 5%

jouer avec l'ordinateur: 5%

sortir en ville: 7%

m'amuser: 9%

regarder la télé: 23%

aller à la gym: 3%

aller à la plage: 6%

jouer au basket: 2%

aller au cinéma: 3%

faire du vélo: 4%

aller à la piscine: 4%

voir mes amis: 5%

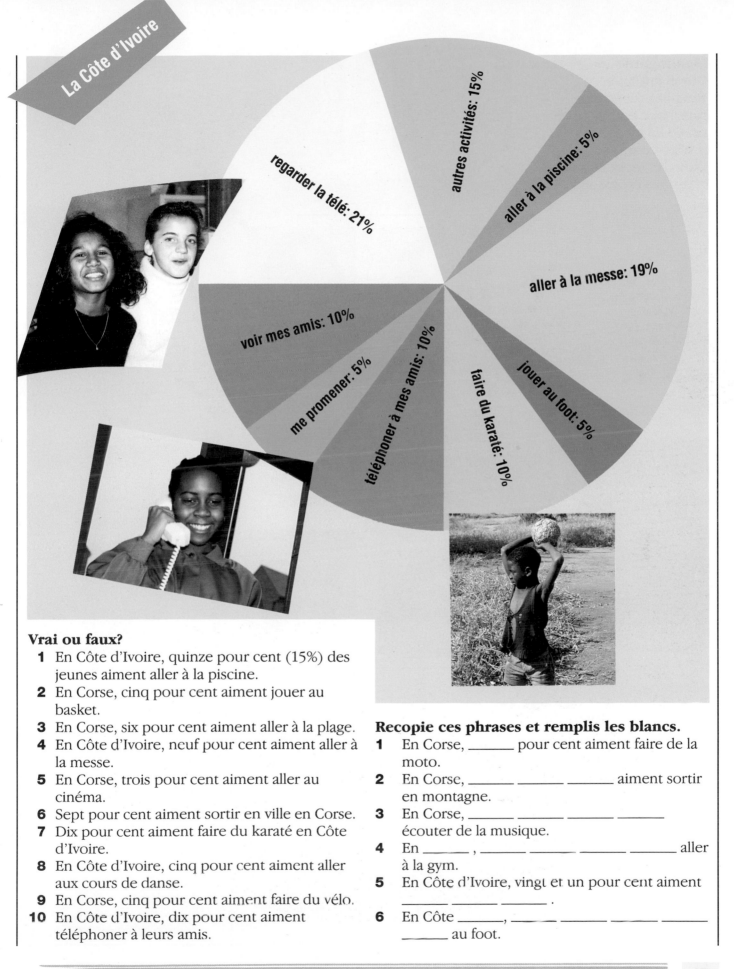

La Côte d'Ivoire

regarder la télé: 21%

autres activités: 15%

aller à la piscine: 5%

aller à la messe: 19%

voir mes amis: 10%

me promener: 5%

téléphoner à mes amis: 10%

faire du karaté: 10%

jouer au foot: 5%

Vrai ou faux?

1 En Côte d'Ivoire, quinze pour cent (15%) des jeunes aiment aller à la piscine.
2 En Corse, cinq pour cent aiment jouer au basket.
3 En Corse, six pour cent aiment aller à la plage.
4 En Côte d'Ivoire, neuf pour cent aiment aller à la messe.
5 En Corse, trois pour cent aiment aller au cinéma.
6 Sept pour cent aiment sortir en ville en Corse.
7 Dix pour cent aiment faire du karaté en Côte d'Ivoire.
8 En Côte d'Ivoire, cinq pour cent aiment aller aux cours de danse.
9 En Corse, cinq pour cent aiment faire du vélo.
10 En Côte d'Ivoire, dix pour cent aiment téléphoner à leurs amis.

Recopie ces phrases et remplis les blancs.

1 En Corse, _____ pour cent aiment faire de la moto.
2 En Corse, _____ _____ _____ aiment sortir en montagne.
3 En Corse, _____ _____ _____ _____ écouter de la musique.
4 En _____ , _____ _____ _____ _____ aller à la gym.
5 En Côte d'Ivoire, vingt et un pour cent aiment _____ _____ _____ .
6 En Côte _____, _____ _____ _____ _____ _____ au foot.

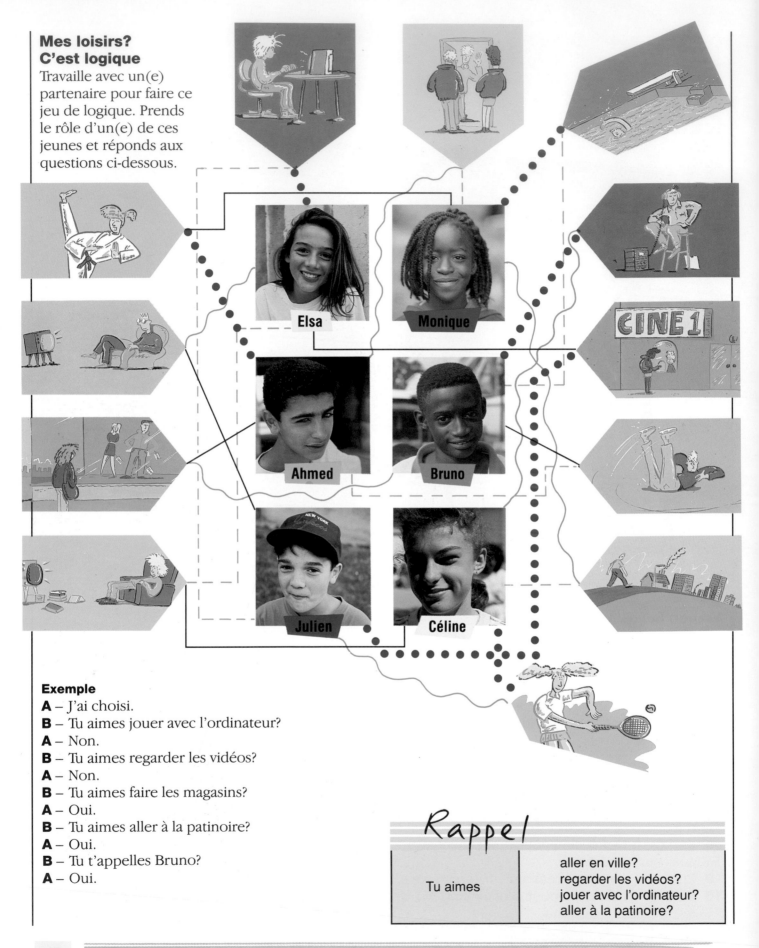

Mes loisirs?
C'est logique

Travaille avec un(e) partenaire pour faire ce jeu de logique. Prends le rôle d'un(e) de ces jeunes et réponds aux questions ci-dessous.

Elsa

Monique

Ahmed

Bruno

Julien

Céline

CINE 1

Exemple

A – J'ai choisi.
B – Tu aimes jouer avec l'ordinateur?
A – Non.
B – Tu aimes regarder les vidéos?
A – Non.
B – Tu aimes faire les magasins?
A – Oui.
B – Tu aimes aller à la patinoire?
A – Oui.
B – Tu t'appelles Bruno?
A – Oui.

Rappel

Tu aimes	aller en ville? regarder les vidéos? jouer avec l'ordinateur? aller à la patinoire?

Une lettre de Céline

Voici une lettre d'une correspondante française qui s'appelle Céline. Lis la lettre.
Tu la trouves comment?
Céline est bien comme correspondante?
Tu as quelque chose en commun avec elle?

Strasbourg le 12 septembre

Cher Steve, Salut,

Ça va bien? Tu m'as demandé dans ta dernière lettre de parler de mes passe-temps. J'ai beaucoup de passe-temps. Je collectionne les timbres. J'ai une grande collection.

Voici des timbres français et algériens pour toi.

J'adore aussi aller au cinéma avec mes copains. Mon sport préféré, c'est le football. Je joue en arrière droit. C'est le numéro deux.

Mes amitiés à tes parents.

A bientôt

Céline

Mots en image

le cerf-volant

la raquette

le ballon de football

le vélo tout terrain

le walkman

la revue

la table de ping-pong

le skateboard

la canne à pêche

les patins à roulettes

Partenaires par ordinateur

Voici sept jeunes qui cherchent des partenaires par ordinateur. Est-ce qu'ils ont les mêmes passe-temps que toi? Ecoute la cassette.

Vincent

Delphine

Samuel

Vladimir

Vanessa

Thomas

Caroline

Qu'est-ce que tu fais le week-end?

Voici un groupe de jeunes sur la plage.
On leur a posé la question: 'Qu'est-ce que
tu fais normalement le week-end?'
Voici les réponses:

Normalement je reste chez moi ... je range ma chambre ou je fais mes devoirs et je lis un peu.

Laurent

Jean-Paul

Le samedi, je joue au tennis ou je vais à la piscine.

Rachel

Ça dépend, mais normalement je vais chez mes amis et on regarde un peu la télé.

Le dimanche je vais voir mes grands-parents à la campagne.

Claire

Le weekend je vais chez mon père. Je vais en ville avec lui et on va au restaurant.

Nathalie

Travaille avec un(e) partenaire: pose des questions à tour de rôle, par exemple:

– Qui dit 'Je lis un peu'?
– Laurent.

Et toi? Qu'est-ce que tu fais le week-end?

Rappel

Normalement	le samedi } le dimanche } le week-end	je	vais	chez mon père. à la piscine.
			joue	au tennis. avec l'ordinateur.
			fais	mes devoirs.
			regarde	la télé.

Objectif 3

 Parler de ce que tu n'aimes pas faire

Je n'aime pas ça

 Ecoute la cassette et trouve le dessin qui correspond à chaque phrase.

Je n'aime pas …
- regarder la télé
- aller chercher le pain
- sortir la poubelle
- ranger la maison
- faire la vaisselle
- travailler dans le jardin
- faire mes devoirs
- faire les courses

J'aime ça

Je vais en ville a-vec mes co - pains, Re - gar - der les ma - ga - sins, Mais je n'aime pas tra-vaill-er dans le jar - din. _____ C'est pé - ni - ble.

2 J'aime aller à la patinoire,
J'aime jouer de la guitare,
Mais je n'aime pas faire mes devoirs.
C'est ennuyeux.

3 J'aime regarder la télé,
J'aime faire du karaté,
Mais je n'aime pas me promener.
C'est idiot.

4 J'aime aller au cinéma,
Inviter des amis chez moi,
Mais faire les courses,
je n'aime pas ça.
C'est moche.

Station service

Asking questions

Qu'est-ce que	tu aimes faire?	What do you like doing?	128
	tu fais normalement le week-end?	What do you normally do at weekends?	

Tu aimes	aller en ville?	Do you like going into town?
	regarder les vidéos?	Do you like watching videos?

Saying what you like doing

J'aime	écouter de la musique.	I like listening to music.	128
	aller à la piscine.	I like going to the swimming pool.	
	jouer avec l'ordinateur.	I like using the computer.	

Saying what you don't like doing

Je n'aime pas	aller chercher le pain.	I don't like fetching the bread.	130
	faire les courses.	I don't like doing the shopping.	
	faire la vaisselle.	I don't like washing up.	
	sortir la poubelle.	I don't like taking the dustbin out.	

Saying what you normally do at the weekend

Normalement le week-end	je vais chez mon père.	Normally at weekends I go to my father's.
	je reste chez moi.	Normally at weekends I stay at home.
	je joue au tennis.	Normally at weekends I play tennis.

1 J'aime aller en ville

 Regarde les dessins et complète les phrases, avec les bonnes expressions qui sont dans le cadre.

1 J'aime

2 J'aime

3 J'aime beaucoup

4 J'aime

5 J'aime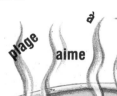

6 J'aime beaucoup

7

8 ❤ ❤

aller au cinéma

J'aime beaucoup

jouer avec l'ordinateur

J'aime

faire les magasins

aller à la piscine

aller à la plage

écouter de la musique

aller chez des copains

regarder la télévision

1 Soupe à loisirs

Regarde les photos, puis mets les mots dans le bon ordre.

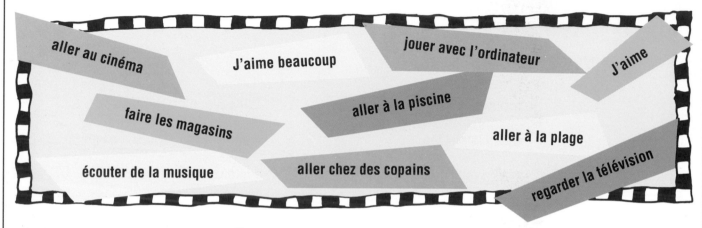

2 La ronde des loisirs

RD Ecris les phrases cachées dans cette écharpe!

Exemple
Je vais à la patinoire.

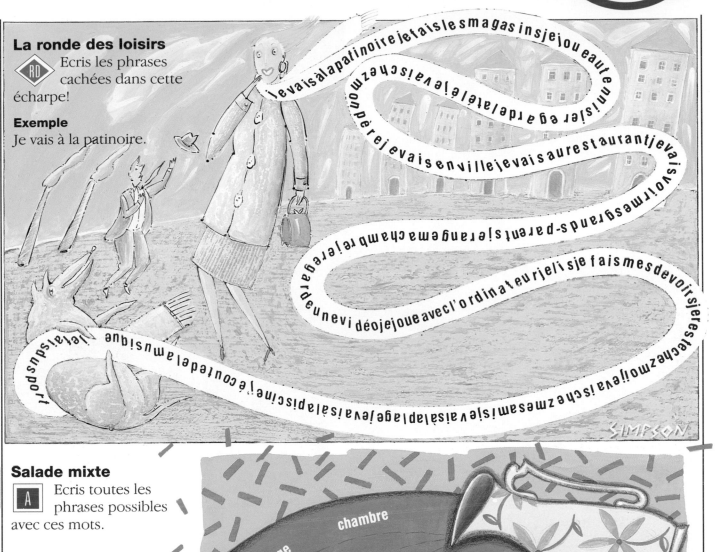

2 Salade mixte

A Ecris toutes les phrases possibles avec ces mots.

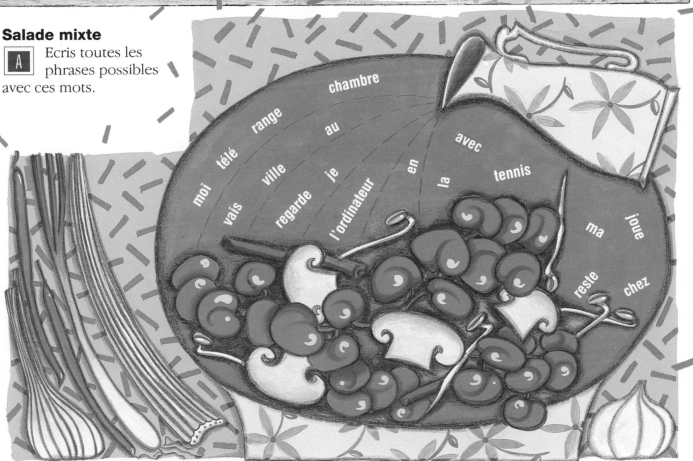

Objectif 1

Parler de ce que tu as reçu comme cadeau

Le six janvier à l'école

Dans la cour, quelques élèves parlent de leurs cadeaux de Noël. Ecoute la cassette et lis le texte.

J'ai surtout reçu de l'argent et je me suis acheté un walkman avec.

Une voiture télécommandée et une calculatrice.

Rien. On fête le nouvel an chinois chez nous.

J'ai reçu un ordinateur et des disquettes. Et toi ?

Arnaud

Ma mère m'a offert une montre et mon père m'a acheté un vélo.

Christian

Kim

Alain

Francine

Sébastien

Mon père m'a offert des baskets et ma grand-mère une cassette-vidéo. Et toi?

Nadège

On ne fête pas la Noël. Ce n'est pas dans notre religion mais pour l'Eid, j'ai reçu des livres, du papier à lettres, une trousse de toilette et une boîte de chocolats.

Séverine

J'ai reçu un jogging et un pull.

Qui a reçu ...?

Travaille avec un(e) partenaire. Regarde le texte et les images. Pose la question 'Qui a reçu …?' à tour de rôle.

Exemple

A – Qui a reçu un vélo?
B – Christian.
A – Oui, c'est juste.
B – Maintenant c'est à moi.

Quel est ton cadeau préféré?

Travaille avec un(e) partenaire. Pose la question à tour de rôle: 'Quel est ton cadeau préféré?'

Exemple

A – Quel est ton cadeau préféré?
B – Le vélo.
A – Et après ça?
B – L'ordinateur.
A – Et après ça?

Cadeaux de rêve

Travaille avec un(e) partenaire. Pose la question
'Qu'est-ce qu'on t'a offert?' à tour de rôle.

Exemple
A – Qu'est-ce qu'on t'a offert?
B – Ma mère m'a offert un pull.

mère

père

tante

sœur

frère

grand-mère

grand-père

oncle

m'a offert / m'a acheté

Rappel

Qu'est-ce qu'on t'a offert?	Ma mère Mon père	m'a offert m'a acheté	un walkman. une trousse de toilette. des baskets. du papier à lettres.
	J'ai reçu		
	On ne fête pas Noël On fête le nouvel an chinois		chez nous.

Merci bien

Lis ces lettres.

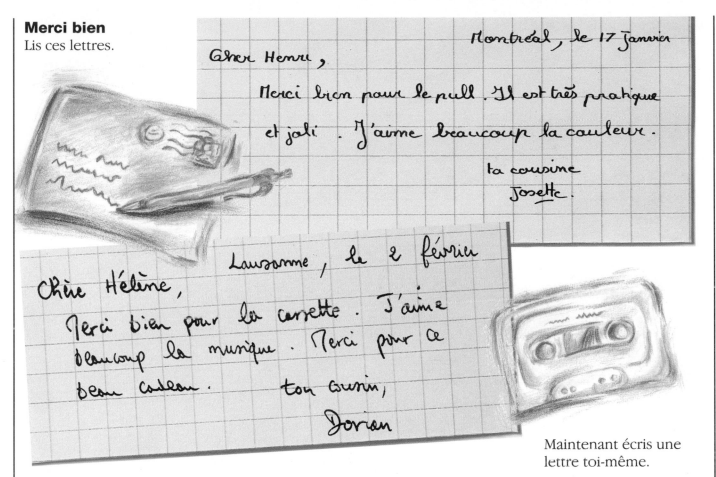

Montréal, le 17 janvier

Cher Henri,

Merci bien pour le pull. Il est très pratique et joli. J'aime beaucoup la couleur.

ta cousine
Josette.

Lausanne, le 2 février

Chère Hélène,

Merci bien pour la cassette. J'aime beaucoup la musique. Merci pour ce beau cadeau.

ton cousin,
Dorian

Maintenant écris une lettre toi-même.

Mots en image

des boucles d'oreilles
un babyfoot
un bracelet
un appareil-photo
un peignoir
un jeu de société
un disque
une peluche
des chaussettes
un circuit de voitures

2

Le premier juin c'est mon
anniversaire.
Dis-moi donc, qu'est-ce qu'on
t'a offert?
J'ai reçu beaucoup de cadeaux:
Un vélo de mon père,
Et une boîte de chocolats de
mon oncle Gilbert.

3

Le premier juin …
Un jogging de ma mère,
Un vélo de mon père,
Et une boîte de chocolats de
mon oncle Gilbert.

4

Le premier juin …
De l'argent de mon frère,
Un jogging de ma mère,
Un vélo de mon père,
Et une boîte de chocolats de
mon oncle Gilbert.

5

Le premier juin …
Un pull de ma grand-mère …

6

Le premier juin …
Un avion de mon grand-père …

7

Le premier juin c'est mon
anniversaire.
Dis-moi donc, qu'est-ce qu'on
t'a offert?
J'ai reçu beaucoup de cadeaux.
Et je dis:
Merci à mon grand-père
Merci à ma grand-mère
Merci à mon frère,
Merci à ma mère,
Merci à mon père,
Et un grand merci à mon oncle
Gilbert.

Donner la date de ton anniversaire

Le troisième âge?

Bon anniversaire, Grand-père. Souffle!

Merci.

Grand-père, tu as quel âge, donc?

J'ai vingt ans.

Quoi vingt ans!?

Oui, mon anniversaire, c'est le vingt-neuf février.

Anniversaires en disquette

 Michel aime beaucoup jouer avec l'ordinateur. Il a mis tous les détails personnels de ses amis sur ordinateur. Regarde les détails et écoute la cassette. Note les erreurs.

Prénom	âge	anniversaire
Flore	12	deux janvier
Francine	13	premier mai
Arnaud	14	vingt septembre
Nadège	11	onze juillet
Jean-Luc	12	trente avril
Séverine	11	dix juin

Rappel

C'est le	premier	janvier.
	deux	février.
	trois	mars.
	quatorze	avril.
	quinze	mai.
	seize	juin.
	dix-sept	juillet.
	vingt	août.
	vingt et un	septembre.
	vingt-deux	octobre.
	trente	novembre.
	trente et un	décembre.

Ça se passe comment?

On a posé la question 'Qu'est-ce que tu fais le jour de ton anniversaire?' à des jeunes. Voici les réponses:

J'invite une ou deux copines. On regarde un film ou on écoute de la musique.

Aline, 12 ans, Guadeloupe

Carole, 14 ans, Corse

J'invite des copains et des copines et je fais une boum. On mange le goûter d'anniversaire et puis on fait des jeux.

Normalement, je ne fête pas mon anniversaire entre copains. Je le fête plutôt en famille. On va au restaurant.

Mireille, 11 ans, Cameroun

Je m'amuse et je vais aussi à la messe.

J'invite plein de copains et de copines. Je mets la musique à fond et on danse.

Julie, 14 ans, Guinée

Kossi, 12 ans, Togo

Leilatou, 13 ans, Côte d'Ivoire

Cédric, 12 ans, Québec

Le jour de mon anniversaire, c'est comme les autres jours. Je ne fais rien de spécial, mais je reçois beaucoup de coups de téléphone, de lettres et de cartes.

Le jour de mon anniversaire je vais avec mes amis au cinéma, puis on va manger des glaces.

Maintenant écoute la cassette et décide qui parle.

ALPHONSE et...

HÉ, C'EST MON ANNIVERSAIRE AUJOURD'HUI !

.BON ANNIVERSAIRE !

AH OUI ?

?!

SALUT FRANÇOISE, C'EST MON ANNIVERSAIRE AUJOURD'HUI !

AH OUI ? ET QU'EST-CE QU'ON T'A OFFERT COMME CADEAU ?

DES JEUX VIDÉO UN LIVRE DE L'ARGENT ...

DE L'ARGENT ?

HEU... PRÊTE-MOI CINQUANTE FRANCS ALPHONSE !

BON ! C'EST MON ANNIVERSAIRE, ET ALORS ?!

Station service

Asking questions

Qu'est-ce qu'	on t'a offert pour Noël?	What did you have for Christmas?
Qu'est-ce que	tu fais le jour de ton anniversaire?	What do you do on your birthday?
Quel est	ton cadeau préféré?	What's your favourite present?
C'est quand,	ton anniversaire?	When is your birthday?

Talking about gifts you received

Ma mère m'a offert	de l'argent.	My mother gave me some money.
Mon père m'a acheté	un pull.	My father bought me a pullover.
J'ai reçu	un vélo.	I got a bike.

Talking about what you do on your birthday

J' invite	des copains et des copines.	I invite my friends.
Je	fais une boum.	I have a party.
	ne fais rien de spécial.	I don't do anything special.
On	fait des jeux	We play games.
	mange le goûter d'anniversaire.	We have a birthday tea.
	danse.	We dance.

Cadeaux surprises

Qu'est-ce qu'il y a dans les paquets?

Exemple

1 C'est un ordinateur.

1
un ordinateur
un pull
des baskets

2
un livre
une calculatrice
une boîte de chocolats

6
un jogging
une boîte de chocolats
de l'argent

5
une trousse
une montre
des baskets

4
un vélo
un stylo
une cassette-vidéo

3
une montre
un jogging
du papier à lettres

Déchiffre le code!

Regarde la légende. Quel est le message secret?

14 . 28 . 15   +   22 . 8 . 18 . 8   +   14 . 9   +   28 . 5 . 5 . 8 . 18 . 7   +

20 . 8 . 31   +   11 . 9 . 31 . 10 . 8 . 7 . 31   +   8 . 7   +   17 . 15 . 8   +

30 . 28 . 1 . 7 . 17 . 18 . 8   +   7 . 8 . 12 . 8 . 2 . 28 . 14 . 14 . 9 . 15 . 20 . 8 . 8

Légende		i	un	r	dix-huit
a	neuf	j	six	s	trente et un
b	onze	k	dix	t	sept
c	deux	l	douze	u	dix-sept
d	vingt	m	quatorze	v	trente
e	huit	n	quinze	w	dix-neuf
f	cinq	o	vingt-huit	x	vingt-neuf
g	quatre	p	vingt-deux	y	vingt-cinq
h	trois	q	seize	z	treize

Maintenant écris un message secret pour ton/ta partenaire.

1 Trouve des cadeaux

(RT) Relie ces mots pour trouver des cadeaux.

Exemple

une trousse + de toilette
= une trousse de toilette

une trousse

de chocolats

une boîte

à lettres

une cassette-vidéo

télécommandée

de foot

du papier

une voiture

de toilette

2 Mois brouillés

(RT) Débrouille les lettres et écris les mois.

Exemple

1 septembre

2 C'est quand, l'anniversaire de Francine?

 C'est quand, l'anniversaire de ces jeunes? On a envoyé ces cartes un jour avant chaque anniversaire. Regarde les dates sur les enveloppes.

Exemple

L'anniversaire de Francine est le douze avril.

Véronique Farde
11, Square du Vallon
49000 Angers

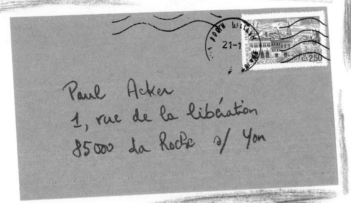

Jean Keydel
7, rue de la Poste
76 000 Rouen

Josette Marceau
17, impasse des Jardins
83000 Draguignan

Paul Acker
1, rue de la libération
85000 la Roche s/ Yon

Roger Raybaud
9, rue Jeanne d'Arc
75 016 Paris.

Francine le Blanc
12, Boulevard Foch
44 000 Nantes

George Bony
25, avenue Victor Hugo
66 100 Perpignan

3 Qui c'est?

A Regarde les jeunes à la page 60 et identifie qui c'est.

1 Elle fête son anniversaire en famille.
2 Elle va au cinéma avec des amis.
3 Il reçoit beaucoup de coups de téléphone.
4 Il va à la messe.
5 Elle mange un goûter d'anniversaire avec ses amis.
6 Elle danse avec ses amis.
7 Elle va au restaurant.
8 Elle fait une boum.
9 Elle va manger des glaces.
10 Elle écoute de la musique avec des copains.

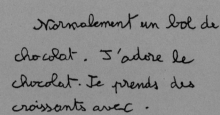

Objectif 1

Parler du petit déjeuner

Qu'est-ce que tu prends au petit déjeuner?

 On a posé la question 'Qu'est-ce que tu prends au petit déjeuner?' à quatre jeunes en France. Voici les réponses:

Normalement un bol de chocolat. J'adore le chocolat. Je prends des croissants avec.

Christelle

Un jus d'orange et du pain grillé avec du beurre et de la confiture.

Georges

Je n'aime pas prendre le petit déjeuner, mais je prends une tasse de café.

Henri

Normalement je prends un verre de lait et du pain avec de la confiture et des céréales.

Hélène

Qui prend quel petit déjeuner? Ecris les noms des jeunes et la lettre du petit déjeuner.

Exemple
Christelle – **B**

A

B

C

D

Quelle est la différence?

Travaille avec un(e) partenaire et note les différences.

Exemple

A – Sur la table, il y a un pain.

B – Sur la table, il y a deux pains.

Qu'est-ce que c'est?

Regarde les photos. Qu'est-ce que c'est sur la photo numéro un? Des biscottes? Du pain grillé? Et la photo numéro deux …?

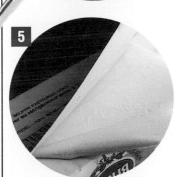

Rappel

Je prends	une tasse de café.
	un bol de chocolat.
	un verre de lait.
	un yaourt.
	du pain avec de la confiture.
	du pain grillé avec du beurre.
	des biscottes.
	des céréales.

Le petit déjeuner en France

On a fait un sondage sur le petit déjeuner parmi cent jeunes en France. Voici les résultats.

Ecris les phrases et remplis les blancs.

Exemple

Trente-huit pour cent boivent du café.

1 _____ pour cent boivent du jus d'orange.

2 Six pour cent mangent _____ _____ .

3 _____ _____ cent _____ des céréales.

4 _____ pour _____ boivent du chocolat.

5 Quatre _____ _____ _____ _____
_____ .

Ecris d'autres phrases toi-même!

Ils boivent	
du café	38%
du thé	12%
du chocolat	21%
du lait	18%
du jus d'orange	15%
rien	2%

Ils mangent	
du pain	58%
du pain grillé	24%
des croissants	6%
des biscottes	8%
des céréales	10%
un yaourt	4%
rien	5%

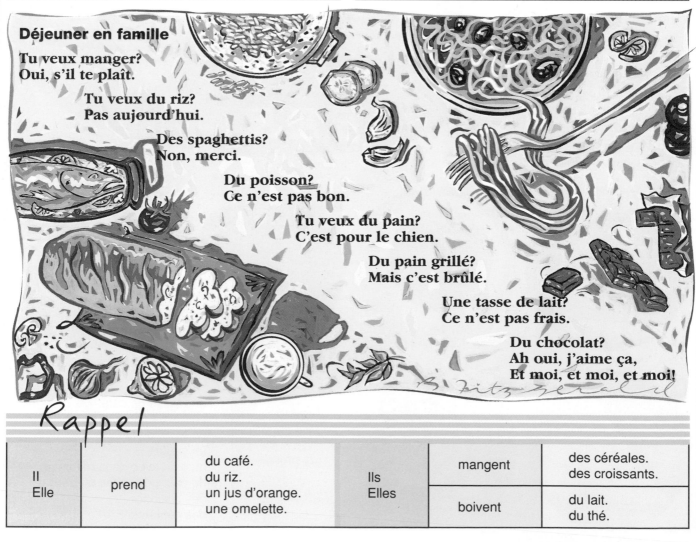

Déjeuner en famille

Tu veux manger?
Oui, s'il te plaît.

Tu veux du riz?
Pas aujourd'hui.

Des spaghettis?
Non, merci.

Du poisson?
Ce n'est pas bon.

Tu veux du pain?
C'est pour le chien.

Du pain grillé?
Mais c'est brûlé.

Une tasse de lait?
Ce n'est pas frais.

Du chocolat?
Ah oui, j'aime ça,
Et moi, et moi, et moi!

Rappel

Il Elle	prend	du café. du riz. un jus d'orange. une omelette.	Ils Elles	mangent	des céréales. des croissants.
				boivent	du lait. du thé.

Petits déjeuners dans les pays francophones

Lis les extraits des lettres de ces jeunes et regarde les deux photos. Qui a envoyé chaque photo? Ecris les prénoms des personnes.

Stéphanie a treize ans. Elle habite à la Guadeloupe.

Je prends un bol de chocolat et du pain - juste pour avoir quelque chose dans le ventre. Mon frère prend du café et ma petite sœur prend du lait.

Alain a treize ans. Il habite en Guinée.

D'habitude, je prends un café, un jus d'orange, du fromage et quelquefois du pain avec de la confiture. Ma mère et ma sœur prennent du thé et un fruit.

Rosine a douze ans. Elle habite au Cameroun.

D'habitude je prends une tasse de Neocafé et une omelette. Mes deux frères prennent la même chose.

Kokou a onze ans et habite au Togo.

D'habitude je prends un bol de lait, du pain et du beurre.

Yannick a douze ans et habite en Côte d'Ivoire.

Je prends un sandwich et un fruit, que je mange dans la voiture. Mon père et ma mère prennent du thé. Ma sœur prend la même chose que moi.

Vrai ou faux?

1 D'habitude, Kokou prend du thé au petit déjeuner.
2 Yannick prend du chocolat chaud.
3 Stéphanie et son frère prennent du jus d'orange au petit déjeuner.
4 La sœur d'Alain prend un sandwich et du thé.
5 Stéphanie et Rosine prennent du café.
6 Rosine et Yannick prennent la même chose.
7 Kokou, Alain et Stéphanie habitent en Afrique.
8 La sœur de Stéphanie prend un fruit avec du thé.
9 Kokou et Stéphanie mangent du pain au petit déjeuner.
10 Yannick ne mange rien au petit déjeuner.

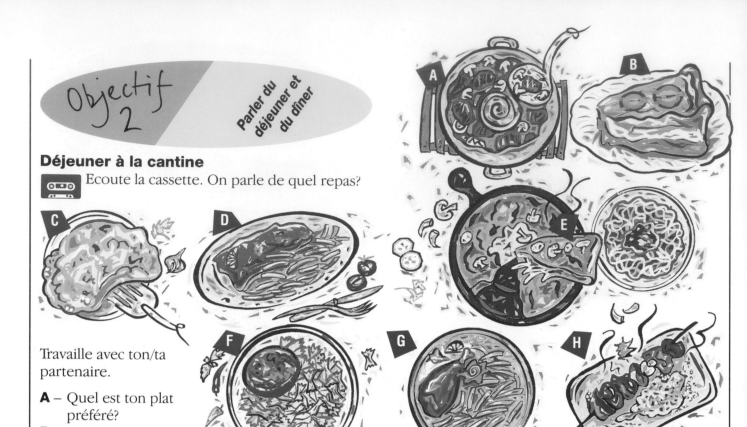

Objectif 2

Parler du déjeuner et du dîner

Déjeuner à la cantine

Ecoute la cassette. On parle de quel repas?

Travaille avec ton/ta partenaire.

A – Quel est ton plat préféré?

B – La pizza.

A – Et après ça?

Mots en image

l'assiette

la fourchette

la salade

le sel

le poivre

le verre

la bouteille de vin

le couteau

la serviette

la cuillère

la bouteille d'eau

la nappe

Le dîner en famille

Ecoute la cassette. Qui parle? Et de quoi?

Encore du riz?

Le voilà!

Bon appétit!

Tu as soif? Tu veux de l'eau?

Non, merci.

Oui, merci.

Passe-moi le pain, s'il te plaît.

Bon appétit!

A table

Travaille avec un(e) partenaire. Fais des conversations.

A			B
Passe-moi	l'eau, le riz, le pain, le sel, les frites, les pâtes, les spaghettis,	s'il te plaît.	La voilà! Le voilà! Les voilà!

A		B
Tu veux Encore	du riz? du pain? de l'eau? des frites? des spaghettis?	Oui (je veux bien). (Non,) merci.

 Parler des glaces et des snacks

Tu veux une glace?

Ecoute la cassette et regarde les glaces.
Ecris les lettres dans le bon ordre.

Piste de glaces

Travaille avec ton/ta partenaire. Partenaire A pose
des questions et partenaire B répond.
Après, on change de rôle.

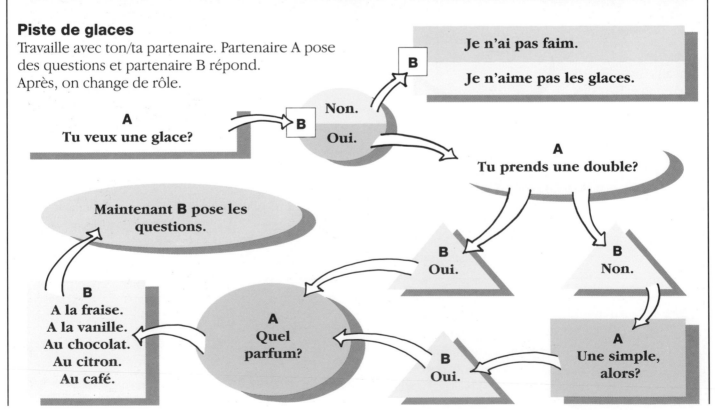

A
Tu veux une glace?

B Non.
Oui.

B
Je n'ai pas faim.
Je n'aime pas les glaces.

A
Tu prends une double?

B Oui.

B Non.

A
Une simple, alors?

B Oui.

A
Quel parfum?

B
A la fraise.
A la vanille.
Au chocolat.
Au citron.
Au café.

Maintenant B pose les questions.

Au snack

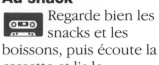 Regarde bien les snacks et les boissons, puis écoute la cassette et lis le dialogue.

- – Tu as faim?
- – Oui.
- – Qu'est-ce que tu manges?
- – Un hot-dog et des frites. Et toi?
- – Une crêpe.
- – Tu bois quelque chose?
- – Oui, un coca.
- – Moi aussi.

Travaille avec un(e) partenaire. Fais une conversation. Choisis quelque chose à manger et à boire.

un sandwich

un coca

un croque-monsieur

des frites

un hot-dog

une limonade

une crêpe

un orangina

Quel plateau?

Ecoute la cassette et choisis le bon plateau pour chaque personne. Ecris le prénom de la personne et la lettre du plateau. Puis écris la phrase.

Exemple

Murielle mange un bifteck haché et des frites et elle boit un orangina.

Stéphanie

Olivier

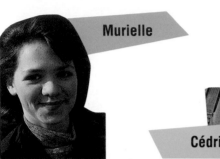
Murielle

Cédric

Karine

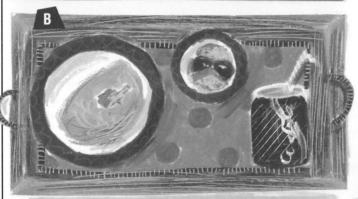

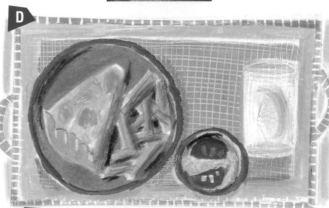

Rappel

Il Elle	mange	un bifteck. une glace. des frites.
	boit	un orangina. un coca. un café.

Station service

Asking questions

Qu'est-ce que tu prends	au petit déjeuner?	What do you eat for breakfast?
	pour le déjeuner?	What do you eat for lunch?
	pour le dîner?	What do you eat in the evening?

Tu veux	de l'eau?	Would you like some water?
	une glace?	Would you like an ice cream?
	encore du riz?	Would you like some more rice?

Tu as	faim?	Are you hungry?
	soif?	Are you thirsty?

126

Talking about what others eat and drink

129

Il/Elle prend	un jus d'orange.	He/She has an orange juice.
	une omelette.	He/She has an omelette.
	des frites.	He/She has chips.

Il/Elle mange	du pain avec de la confiture.	He/She eats bread with jam.

Ils/Elles mangent	du pain grillé.	They eat toast.

Il/Elle boit	du thé.	He/She drinks tea.
	du chocolat.	He/She drinks chocolate.

Ils/Elles boivent	du café.	They drink coffee.

Talking about ice creams

Je prends	une simple à la vanille.	I'll have one scoop of vanilla.
	une double au chocolat.	I'll have two scoops of chocolate.

1 Ça va où?

A Décode les mots et mets-les dans le bol, dans la tasse ou dans le verre.

Exemple
1 Le lait va dans le verre.

Dans le verre

Dans la tasse

Dans le bol

1

2 a l i t

3 é t h

4  O h l a t c O c

5 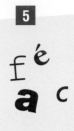 O e g a d' g S i u n r

f é a c

1 Qu'est-ce qu'on a oublié?

 RT Regarde les provisions sur la table. Puis regarde la liste. Qu'est-ce qu'on a oublié?

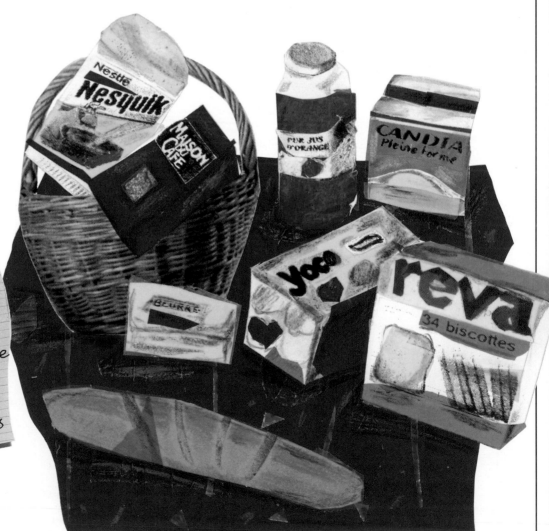

des biscottes
du café
du pain
du thé
du beurre
du lait
du jus d'orange
des yaourts
du chocolat
des croissants

2 Un petit problème technique

Débrouille le texte et dresse deux listes:
A BOIRE et A MANGER.

Exemple

A BOIRE   A MANGER

le vin   la pizza

3 Tu as faim?

Recopie les conversations. Remplace les dessins par les mots justes.

- Tu veux ?

- Ah non, je prends  .

- Moi, je prends , et toi?

- Moi, je veux .

- Je veux , et toi?

- Non, je prends .

- Tu veux ?

- Oui. Et .

- Je veux , et toi?

- Non, pour moi .

3 Un objet de trop

Recopie cette conversation dans le bon ordre. Puis regarde le dessin. Qu'est-ce qui n'est pas mentionné dans la conversation?

- Bonne idée. Moi aussi.
- J'ai faim, et toi?
- Non, je prends un hot-dog et des frites.
- Moi aussi, tu veux une glace toi?

Objectif 1 — Parler de ta ville ou ton village

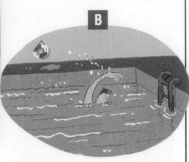

Qu'est-ce qu'il y a à Neuville?

Ecris ce qu'il y a à Neuville dans ton cahier.

Exemple

Il y a un cinéma.

Ma ville ... mon village

Là, il y a tout pour les jeunes.

Il n'y a pas grand-chose à faire pour les jeunes.

Il n'y a rien pour les jeunes.

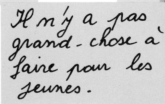

Et là où tu habites?

Le jeu des villes

Travaille avec un(e) partenaire. Choisis à tour de rôle une ville.

Puis réponds aux questions par 'oui' ou par 'non'.

Exemple

A – Y a-t-il une gare?
B – Oui.
A – Y a-t-il un parc?
B – Non.
A – La ville s'appelle Nîmes?
B – Oui, très bien.

Légende

 un centre commercial

 un cinéma

 des pistes cyclables

 une église

 un parc

 une rivière

 une gare

 un centre sportif

 un stade de foot

 une patinoire

 une disco

 des courts de tennis

Apt

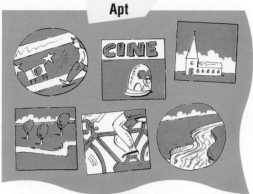

Libourne

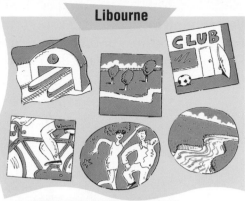

Evry

Orange

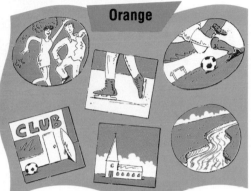

Coutras

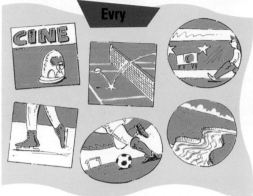

Nice

Toulon

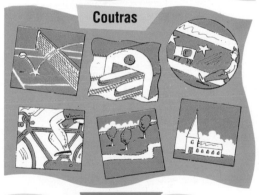

Nîmes

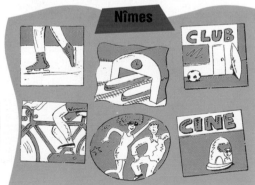

Rappel

Y a-t-il	une discothèque un cinéma	à Neuville?
Il y a	une gare un centre sportif	à Neuville.

Prépare un poster sur une ville ou un village.
Découpe des photos dans des magazines ou des
dépliants.

Mots en image

le supermarché

la pharmacie

la boucherie

la pâtisserie

la boulangerie

la librairie

la station service

le marché

le camping

le parking

Salut Hari!

Erstein le 20 juillet

Salut Hari,

J'ai reçu ton nom et ton adresse de mon professeur d'anglais. Je m'appelle Franck. J'ai treize ans et j'ai une sœur. Je suis Français, mais je parle allemand aussi.

J'habite à Erstein au sud de Strasbourg. C'est un petit village. Il y a un cinéma, mais pas de piscine.

La ville de Strasbourg est magnifique avec ses maisons, ses parcs, sa cathédrale et tous ses quartiers charmants.

Strasbourg est une des plus belles villes de France et peut-être même d'Europe.

Peut-être viendras-tu me rendre visite?

En attendant. Bien à toi,

Franck

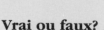

Vrai ou faux?

1 Hari habite à Erstein.
2 Franck a 16 ans.
3 Franck a deux frères.
4 Il habite un village.
5 Il y a une cathédrale à Strasbourg.
6 Strasbourg est une belle ville.

Où est le château?

🎞️ Regarde le plan de la ville, écoute la cassette et vérifie les réponses des touristes.

Exemple
La cathédrale, c'est D3. ✔

Demander et donner des directions

Légende			
1	Cathédrale	8	Musée
2	Centre commercial	9	Patinoire
3	Château	10	Piscine
4	Commissariat	11	Poste PTT
5	Centre sportif	12	Office de Tourisme
6	Gare SNCF	13	Stade
7	Hôpital	14	Parc

Où est le château?

Là, tu vois: A3.

Travaille avec un(e) partenaire. Fais des conversations.

82 quatre-vingt-deux

Pardon …

Regarde les dessins et les questions. Qui pose chaque question?

Exemple

1 Pour aller à la banque, s'il vous plaît?

C'est où la piscine?

Pour aller à la banque, s'il vous plaît?

Pour aller à l'hôpital? C'est urgent!

Pour aller à la patinoire?

Le château, s'il vous plaît?

Pour aller à la gare?

Ecoute la cassette et regarde les photos. Identifie la photo qui correspond à chaque conversation et écris la direction.

Après, fais des dialogues avec un(e) partenaire.

Office de Tourisme le Chatelet →

P. T. T.

PISCINE

Hôpital

La Gare

Rappel

Pardon Excusez-moi	Monsieur, Madame,	pour aller	au stade à la gare à l'hôpital	s'il vous plaît?
Prenez Tournez		à	gauche. droite.	
Continuez tout droit.				

Y a-t-il un café près d'ici?

🔊 Ecoute la cassette et regarde le plan de la ville. On donne des directions. C'est vrai ou c'est faux?

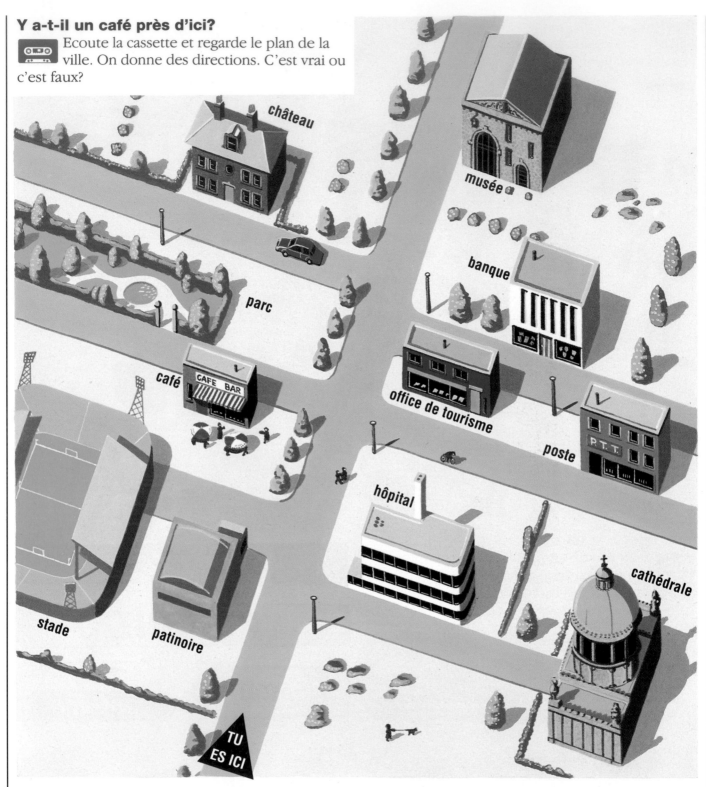

Maintenant fais des conversations avec un(e) partenaire.

Exemple

A – Y a-t-il un café près d'ici?

B – Oui, allez tout droit et c'est la deuxième à gauche.

C'est la	première deuxième troisième quatrième	rue	à gauche. à droite.

Rappel

Le guide et les touristes

Bonjour, bonjour, venez ici,

Je suis le guide pour aujourd'hui.

Voici le centre commercial,

Et devant vous la cathédrale.

A gauche la poste, le parc, la gare,

La discothèque et la patinoire.

A droite la banque et le château,

L'hôpital, le stade, le zoo.

Vous avez soif? Moi aussi,

Voici le café. Allons-y!

TU AIMES MELONVILLE? MOI JE NE L'AIME PAS!

IL N'Y A PAS GRAND-CHOSE A Y FAIRE QUOI!

ELLE EST SALE AUSSI!

-AH OUI, ELLE EST POLLUÉE C'EST VRAI!

MOI JE DÉTESTE LE CENTRE SPORTIF

OUI, SON TERRAIN DE JEUX EST NUL!

SALUT LES GARS! ON VA EN VILLE?

OUI! D'ACCORD!

L'argent français

Voici de l'argent français – des pièces de monnaie et des billets de banque.

deux cents francs

cent francs

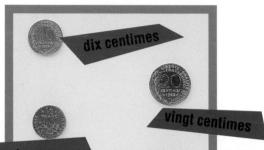

dix centimes

vingt centimes

cinquante centimes

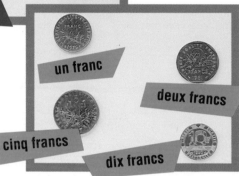

un franc

deux francs

cinq francs

dix francs

cinquante francs

vingt francs

On sort en ville

Regarde les photos et écoute la cassette.
Ça coûte combien?

C'est combien l'entrée?

Ça coûte combien le T-shirt?

Salle trois s'il vous plaît.

Deux, s'il vous plaît.

Maintenant fais des conversations avec un(e) partenaire.

Rappel

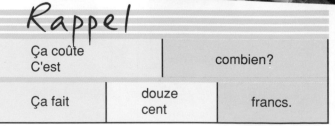

Ça coûte C'est		combien?
Ça fait	douze cent	francs.

Station service

Talking about a town or village

Il y a	une église.	There is a church.
	un parc.	There is a park.
Y a-t-il	une gare?	Is there a station?
	un centre commercial?	Is there a shopping centre?

Asking and giving directions

Pardon	Monsieur.	Excuse me.
Excusez-moi	Madame.	
Où est	le cinéma?	Where is the cinema?
	la discothèque?	Where is the disco?
	l'église?	Where is the church?
Pour aller	au stade?	Where is the stadium?
	à la poste?	Where is the post office?
	à l'hôpital?	Where is the hospital?
Prenez	à gauche.	Turn left.
Tournez	à droite.	Turn right.
Continuez	tout droit.	Go straight on.
Prenez	la première rue à gauche.	Take the first road on the left.
	la deuxième rue à droite.	It's the second road on the right.

131
130

Asking the price of things

Ça coûte	combien?	How much is that?
C'est		How much is it?
Ça fait	deux francs.	That's two francs.
	dix francs.	That's ten francs.

131

1 Quatre villes

Regarde la grille et réponds aux questions.

	CINE1			
Beaumont	✓		✓	
Lavost		✓	✓	✓
St Julien	✓	✓		
Morville		✓	✓	

1 Qu'est-ce qu'il y a à Beaumont et à Morville?

2 Qu'est-ce qu'il y a à St Julien et à Lavost?

3 Qu'est-ce qu'il y a à Beaumont mais pas à Lavost?

4 Qu'est-ce qu'il y a à Lavost mais pas à Morville?

5 Qu'est-ce qu'il y a à Morville mais pas à St Julien?

1 C'est où?

Regarde ces photos. C'est où?

Exemple

1 Je crois que c'est le cinéma.

2 C'est où le stade?

Regarde le plan et lis les directions. Trouve les coordonnés.

Exemple

Le stade = D3

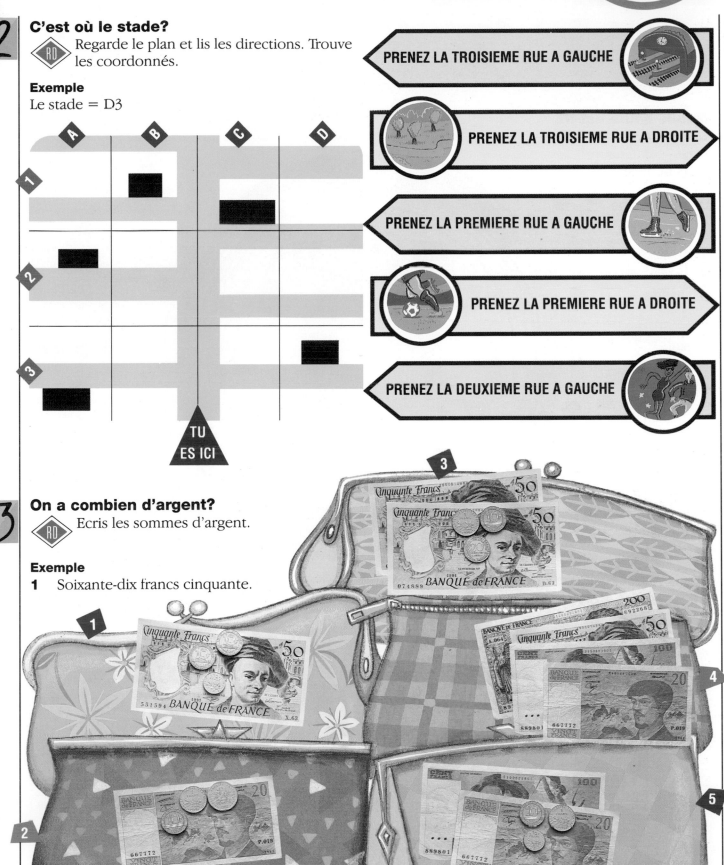

PRENEZ LA TROISIEME RUE A GAUCHE

PRENEZ LA TROISIEME RUE A DROITE

PRENEZ LA PREMIERE RUE A GAUCHE

PRENEZ LA PREMIERE RUE A DROITE

PRENEZ LA DEUXIEME RUE A GAUCHE

TU ES ICI

3 On a combien d'argent?

Ecris les sommes d'argent.

Exemple

1 Soixante-dix francs cinquante.

entrée libre

Objectif 1

Demander et donner l'heure

Quelle heure est-il?

Quelle heure est-il?
Il est … une heure? …
deux heures?

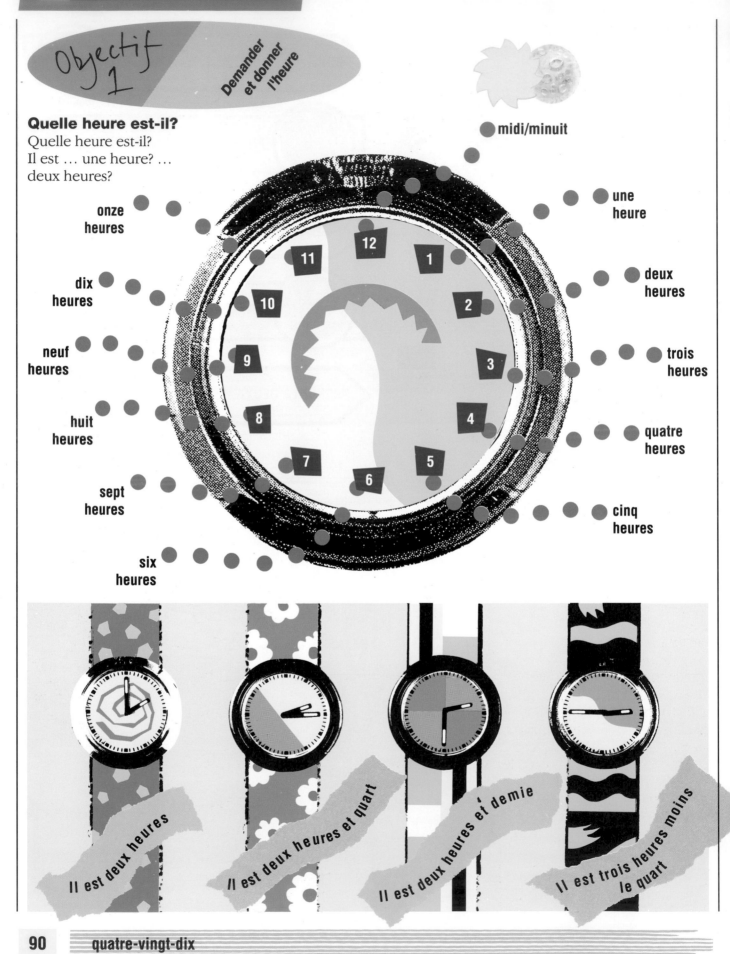

midi/minuit

une heure

deux heures

trois heures

quatre heures

cinq heures

onze heures

dix heures

neuf heures

huit heures

sept heures

six heures

Il est deux heures

Il est deux heures et quart

Il est deux heures et demie

Il est trois heures moins le quart

Travaille avec un(e) partenaire. Choisis une pendule à tour de rôle et pose la question: 'Quelle heure est-il?'

L'agenda de Sylvie

Sylvie et Luc parlent d'un programme d'activités. Regarde l'agenda de Sylvie et écoute la cassette. Est-ce que les heures marquées sont justes? Réponds par 'juste' ou par 'faux'. Puis écris les heures justes dans ton cahier.

Mardi 16 Mai

10 h piscine

1h déjeuner
chez McDonald's

2.30 magasins

Mardi 16 Mai

3h15 rendez-vous
au parc

5h45 cinéma
ou
6h théâtre

8h au restaurant

Rappel

Quelle heure est-il?	Il est	une heure deux heures onze heures	et quart. et demie. moins le quart.

Objectif 2

Donner des heures précises

On va au cinéma vers six heures?

Regarde les images. On prend des rendez-vous, mais pour quelle heure? Ecoute la cassette et écris les réponses.

Exemple

On va au cinéma vers six heures.

Pardon Monsieur ...

Ecoute la conversation. Ce jeune homme va en ville, mais à quelle heure part le bus? Ecris les heures de départ du bus.

Exemple

1 Deux heures moins dix (1h50).

Rappel

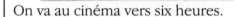

		cinq. dix. vingt. vingt-cinq.	
à	une heure deux heures onze heures midi minuit	moins	cinq. dix. vingt. vingt-cinq.

Canal Plus: que des films!

Les émissions en clair sont indiquées par le signe (•)

7.00 C.B.S. EVENING NEWS (•)

7.25 CABOU CADIN

7.45 ÇA CARTOON (•)

8.05 LES SUPERSTARS DU CATCH

9.00 LA BATAILLE DE MARATHON

Film (1959) de Jacques Tourneur. Durée 1h25.

Avec : *Steve Reeves, Mylène Demongeot.*

Philippides, un jeune et beau paysan vainqueur des jeux Olympiques, devient le héros et l'ardent défenseur d'Athènes, menacée par les Perses.

10.25 FLASH INFOS

10.40 ROUGE VENISE

Film franco-italien (1988) d'Etienne Perier. Durée 1h47 (R).

Avec : *Vincent Spano, Massimo Dapporto.*

Mars 1735, à Venise, un jeune avocat en rupture de barreau, Carlo Goldoni, rêve de monter sa première pièce de théâtre. Mais voici qu'on le soupçonne de meurtre!

12.30 LA GRANDE FAMILLE (•)

Michel Denisot au service du consommateur.

13.30 L'HOMME AU COMPLET MARRON

Téléfilm américain (1988) d'Alan Grint, d'après le roman d'Agatha Christie. Durée 1h32.

Avec : *Stéphanie Zimbalist, Tony Randall.*

Dans une boîte de nuit où se produit la chanteuse Anita, deux individus accusés de vol de diamants sont arrêtés. Le lendemain, Anita est retrouvée assassinée …

15.05 TELE-MAISONS

Spécial vidéos d'amateurs.

16.15 LE COMPLOT DU RENARD

Téléfilm franco-américain (1990) de Charles Jarrott. Durée 1h43 (R).

Avec : *George Peppard, Michael York.*

Printemps 1944. Les Américains préparent un débarquement de diversion dans la Manche quand leur flotte est attaquée par les Allemands. Le colonel Hugh Kelso, unique officier survivant, est capturé sur l'île de Jersey.

18.00 SPORTQUIZZ

18.30 TOP ALBUMS (•)

Présentée par Marc Toesca.

19.00 FLASH INFOS (•)

19.10 JEAN DE FLORETTE

Film français (1986) de Claude Berri. Durée: 1h57.

Avec : *Yves Montand, Gérard Depardieu et Daniel Auteuil.*

A quarante kilomètres d'Aix-en-Provence un paysan avide convoite la ferme voisine qui abrite une source d'eau. Mais Jean de Florette, un homme de la ville, hérite de la propriété. Ce bossu met une telle ardeur à cultiver sa terre qu'il ne se rend pas compte que sa source a été bouchée.

D. Auteuil, G. Depardieu

21.05 FOOTBALL: COUPE D'EUROPE

P.S.V. Eindhoven-Montpellier. Match retour du premier tour de la Coupe des vainqueurs de coupe, en différé du Philips Stadion. Commentaires : Thierry Gilardi et Philippe Doucet.

22.50 UN MARIAGE EN HERITAGE

Téléfilm canadien d'Eric Till. Durée 1h30.

Avec : *Wendy Crewson, Paul Gross, Marion Gilsenan.*

Sophie, jeune pianiste canadienne retourne à la ferme familiale à la mort de son père. Elle arrête donc sa carrière artistique pour devenir une vraie fermière. Pour l'aider, Sophie engage Alex, le fils des voisins, celui-ci propose bientôt un mariage d'affaires à la riche héritière.

0.20 RETOUR VERS LE FUTUR

Film américain de Robert Zemeckis.

Avec : *Michael J. Fox et Christopher Lloyd.*

Comédie fantastique. Un jeune étudiant américain rencontre un professeur qui trouve les moyens de voyager dans les temps.

A quelle heure est-ce qu'on passe des films? A toutes heures du matin, de l'après-midi, et du soir. Lis la liste des émissions de télévision et pose des questions à ton/ta partenaire.

Exemple

A – A quelle heure est-ce qu'on passe le film 'La Bataille de Marathon'?

B – A neuf heures du matin. Et le film 'Le Complot du Renard'?

Rappel

à	neuf trois sept	heures	du matin de l'après-midi. du soir.

UN CADEAU Surprise!

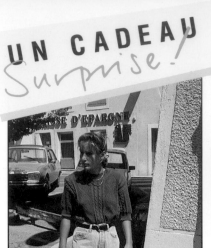

Aujourd'hui, c'est l'anniversaire de Stéphanie.

Hé, regarde! Voilà Stéphanie. Vite!

On se retrouve à deux heures, alors?

D'accord.

Salut, Cédric. Tu veux aller à la piscine cet après-midi?

Je veux bien, mais j'ai des devoirs à faire.

Je vais en ville avec maman.

Caroline? Qu'est-ce que tu fais cet après-midi?

Alors, David, tu ne peux pas?

Ben, non, pas aujourd'hui. Je suis désolé.

Qu'est-ce qu'il y a, Stéphanie?

Quel anniversaire horrible. Tous mes copains et copines sont occupés. Bon. Je m'en fous! Je vais aller toute seule à la piscine.

En route pour la piscine …

Caroline et David!
Mais je croyais …
Je ne comprends pas.

Allez, viens, David.

Et les devoirs?

Finis!

Cinq minutes plus tard Stéphanie rencontre Cédric devant le café.

Triste, Stéphanie continue son chemin.

Qu'est-ce que tu penses? Tu aimes ça?

Oui, c'est très joli.

Entretemps, les trois amis se retrouvent dans un magasin.

Ce ne sont pas de vrais amis.

Plus tard, à la piscine …

Coucou! Stéphanie! Bon anniversaire.

Un cadeau? Pour moi? Qu'est-ce que c'est?

Vas-y, ouvre-le!

Du papier à lettres! Oh là, c'est super! Merci mille fois!

Prendre des rendez-vous

On se retrouve où?

 On prend des rendez-vous. A quelle heure est-ce qu'on se retrouve, et où? Ecoute la cassette, regarde les dessins et écris les réponses.

Exemple

1 2 - A.

On prend rendez-vous?

LUNDI	
MARDI	
MERCREDI	
JEUDI	
VENDREDI	
SAMEDI	
DIMANCHE	

MATIN
APRES-MIDI
SOIR

17.10

19.45

14.00

Travaille avec ton/ta partenaire. Prends des rendez-vous. Choisis à tour de rôle un jour, une heure et un endroit. Puis échange les détails.

Exemple

A – Qu'est-ce que tu fais mardi soir?
B – Rien. Pourquoi?
A – Tu veux jouer au tennis avec moi?
B – Je veux bien. A quelle heure?
A – A huit heures moins vingt.
B – Très bien. On se retrouve où?
A – Devant les courts de tennis.

Rappel

devant	le cinéma. la gare.
à l'entrée	de la piscine. du château.

Je t'invite

Lis ces invitations puis écris des invitations à tes copains.

Salut Natacha!
Ça va? Je t'écris pour te demander de venir au concert rock de Blaye. C'est le vendredi 21 juillet vers 9 heures.
Rendez-vous devant le bar. Bises,
Stéphanie

Chère Véronique!
Je t'invite pour mon anniversaire le mercredi 13 avril à 19h30. Cela durera toute la nuit. On va bien s'amuser. N'oublie pas le cadeau!
Salut!
Gilles.

Cher Fabien
Je t'invite à mon pique-nique que j'organise le mardi 20 septembre à trois heures et demie. Rendez-vous chez moi. On va manger dans la forêt.
Salut! Julien

A sept heures

A sept heures, croiss-ants au beurre, A sept heures et quart, un bol de choc-o-lat. A dix heures deux, un croque mon-sieur, A mi-di et de-mie, des ra-vi-o-lis.

2 A quatre heures vingt, que j'ai faim!
A cinq heures six, glaces au cassis.
A six heures sept, une omelette,
A sept heures huit, un poulet-frites.

3 A sept heures vingt, passe-moi le pain,
A huit heures et demie, non merci.
A neuf heures et demie, je vais au lit,
Bonne nuit, bonne nuit, bonne nuit, bonne nuit!
(1st time) ... encore une fois!
(2nd time) ... et ça suffit!

Station service

Asking questions

Quelle	heure est-il?	What time is it?
On se retrouve	où?	Where shall we meet?
	à quelle heure?	What time shall we meet?
Qu'est-ce que	tu fais lundi?	What are you doing on Monday?

Saying what time it is

Il est	une heure.	It's one o'clock.
	deux heures et quart.	It's quarter past two.
	sept heures et demie.	It's half past seven.
	midi cinq.	It's five past twelve (midday).
	minuit vingt.	It's twenty past twelve (midnight).
Il est	cinq heures moins le quart.	It's quarter to five (4.45).
	huit heures moins dix.	It's ten to eight (7.50).

Saying where to meet

On se retrouve	au parc.	We'll meet in the park.
	à la patinoire.	We'll meet at the ice rink.
	devant le cinéma.	We'll meet outside the cinema.
	devant la piscine.	We'll meet in front of the swimming pool.
	à l'entrée du château.	We'll meet at the entrance to the castle.
	à l'entrée de la gare.	We'll meet at the entrance to the station.

1

Chez l'horloger

RT Regarde les pendules chez l'horloger et écris les réponses à la question: 'Quelle heure est-il'?

1

Continue la série

 Remplis les blancs en écrivant les bonnes heures dans ton cahier.

● Invente un code toi-même. Est-ce que ton/ta partenaire peut remplir les blancs?
●
●
●

Exemple

Une heure ▶ deux heures ▶ _____ .

1 midi ▶ deux heures ▶ quatre heures ▶ _____ ▶ _____ ▶ dix heures.

2 11.30 ▶ onze heures ▶ 10.30 ▶ _____ ▶ _____ ▶ neuf heures ▶ 8.30.

3 trois heures ▶ ⏰ ▶ cinq heures et _____ ▶ ⏰ ▶ _____.

4 uh ▶ uheq ▶ _____ ▶ dhmlq ▶ dh ▶ _____ ▶ dhed ▶ _____.

Autrement dit

Ecris les heures dans ton cahier.

Exemple
21.30 = neuf heures et demie du soir.

Exemple
cinq heures moins vingt du matin = 4.40.

1 **18:10**

2 **15:00**

3 **9:45**

4 **21:25**

5 **5:35**

6 onze heures cinq du matin

7 cinq heures moins dix de l'après-midi

8 huit heures vingt du soir

9 minuit moins dix

10 deux heures et quart de l'apres-midi

Invitations

A Ecris une invitation à un copain ou une copine. Choisis un prénom, un rendez-vous et une heure. N'oublie pas de dire pourquoi tu l'invites! Regarde les mots ci-dessous pour quelques idées.

Chère Anne

Cher Ahmed

Salut Monique!

Pique-nique

à la patinoire

20 heures

quatre heures et demie

rendez-vous

anniversaire

à l'entrée du château

On a rendez-vous

Regarde les dessins. Qui a rendez-vous pour quelle heure? … et où?

Exemple
Alain a rendez-vous pour quatre heures à la piscine.

Alain

Catherine

16:15

Olivier

Habib

Aline

Objectif 1

Parler de moyens de transport

en train

On y va

Regarde ces photos de moyens de transport, écoute la cassette et dis comment on y va.

en voiture

à moto

à vélo

en avion

en bateau

en métro

en car

à pied

en hovercraft

en bus

en taxi

En route

Quels sont les moyens de transport? Recopie le
texte et remplace les dessins par les mots justes.

1 Je vais au collège  ou

2 A Paris on voyage ___ ou ___ ou ___

3 Grand-père habite en Corse. A Noël on y va ___ ou ___ puis

4 Je préfère rouler . Je n'aime pas voyager  , c'est ennuyeux.

Je vais en Algérie en avion

Travaille avec un(e) partenaire. Choisis une
destination sur la carte du monde et écris-la.
Puis trouve un moyen de transport qui commence
par la même lettre. Devine le moyen de transport
choisi.

Exemple

A – Je vais en Algérie, mais comment?
B – En avion?
A – Oui, en Algérie en avion. A toi maintenant.

Maroc
Moto

Paris
Pied

Algérie
Avion

Rappel

Comment est-ce qu'on y va?	En	avion. bateau. bus. car. hovercraft. métro. taxi. train. voiture.
	A	moto. pied. vélo.

Par étapes

Regarde les trajets et écoute la cassette.
Qui parle?

Exemple

D'abord j'ai fait la première étape en taxi, puis j'ai voyagé en avion et enfin en voiture = Joëlle.

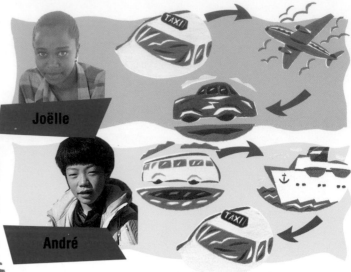

A toi maintenant. Prends le rôle d'une de ces personnes et décris ton voyage.

Exemple

J'ai voyagé en taxi, puis en avion et enfin en voiture. Ton/ta partenaire doit dire qui tu es.

Chanson de la route

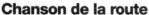

En rou-te les gars, en rou-te, En rou-te, en rou-t-e. En rou-te les gars, en rou-te, Nous all-ons en va-can-ces.

A Tou-lon en av-ion, A Mon-tél-i-mar on va en car.

A Tou-lon en av-ion, A Mon-tél-i-mar on va en car.

2 A Bordeaux à vélo,
A St Malo en bateau. (bis)

3 A Paris en taxi,
Au Trocadéro en métro. (bis)

4 A St Nazaire en hélicoptère,
A Calais on va à pied. (bis)

5 A Moulins par le train,
Sur la côte d'Azur en voiture. (bis)

On va où?

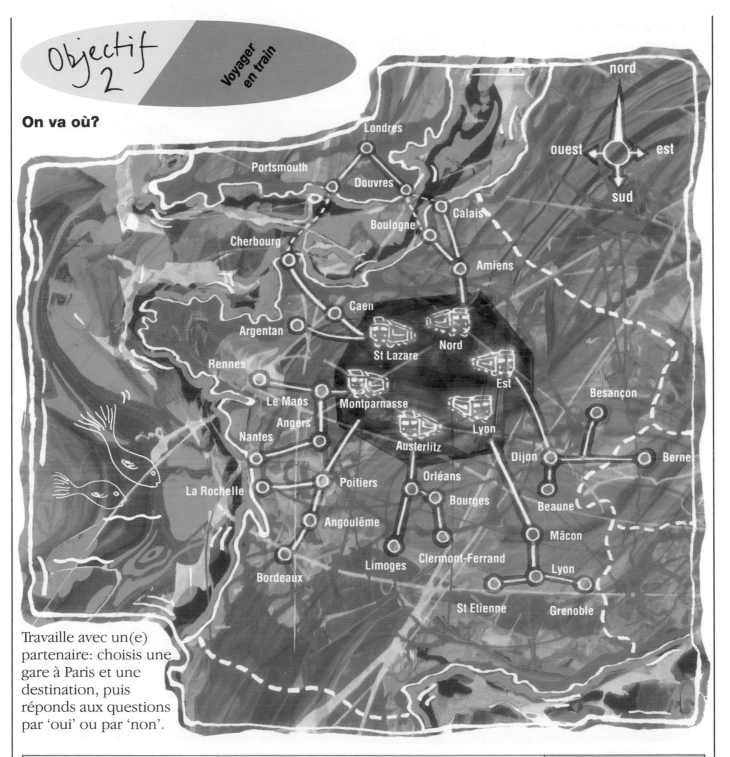

Travaille avec un(e) partenaire: choisis une gare à Paris et une destination, puis réponds aux questions par 'oui' ou par 'non'.

Voici les questions		Réponses
Tu vas vers	le nord/le sud/l'est/l'ouest?	oui/non
Tu es à la gare	du Nord/de l'Est/de Lyon/d'Austerlitz/Montparnasse/ St Lazare?	oui/non
Tu passes par	Amiens/Caen/Le Mans/Poitiers/etc?	oui/non
Alors, tu vas à	Londres/Rennes/Nantes/etc?	oui/non

Un aller-retour pour Paris

Copie cette liste de destinations:

- Paris
- Le Mans
- Rennes
- Orléans
- Bourges
- Caen

Un aller-retour pour Paris s'il vous plaît.

Voilà.

Cent quatre-vingts francs.

Merci.

Ensuite, écoute la cassette. On demande un aller simple ou un aller-retour? Et ça coûte combien? Ecris tes réponses.

C'est quel quai?

Trains au départ

Départ	Destination		Train n°	Voie
15 h 34	VILLEFRANCHE SUR SAONE	1re et 2è CL	54078	3
15 h 50	BORDEAUX ST JEAN	Turbotrain rapide 1re et 2è CL	6882	7
16 h 00	PARIS GARE DE LYON TGV	TGV 1re et 2è CL	740	1
16 h 03	BESANCON	Autorail 1re et 2è CL	57378	6
16 h 06	GRENOBLE TGV	TGV 1re et 2è CL	741	4
16 h 07	PARIS GARE DE LYON TGV	TGV 1re et 2è CL	656	2
16 h 09	LYON PERRACHE	TGV 1re et 2è CL	625	5
16 h 12	MARSEILLE ST CHARLES	Corail express 1re et 2è CL	5025	8
16 h 13	AMBERIEU	1re et 2è CL	54654	10
16 h 15	ANNECY	Express 1re et 2è CL	5251	9

Le train de Nice part à quelle heure?

Travaille avec un(e) partenaire. A tour de rôle choisis quatre villes, écris-les dans ton cahier et montre-les à ton/ta partenaire. Puis invente les heures de départ, les quais et les heures d'arrivée mais ne les montre pas. Ton/ta partenaire pose des questions pour découvrir les détails de ses trains et écrit les réponses.

Exemple

A – Le train de Nice part à quelle heure?

B – Nice? A neuf heures dix, quai numéro sept, arrivée à onze heures quarante-trois.

Mots en image

Toilettes

Consigne

L'horloge

Snack

Guichets

Bagages

Composteur

VIVEZ RELAX!
Cool-Cool anti-stress

MOTOS

Passager

Compostez-le

Au-delà de cette limite
votre billet doit être validé
compostez-le

Rappel

Le train de	Paris Nice	part à quelle heure?			
A	sept vingt	heures	cinq, trente-deux,	quai (numéro)	huit. dix.
Un aller	simple -retour	pour	Brive, Tours,	s'il vous plaît.	

Train de Tours, quai 1, 16h05.

Train de Dieppe, 16h20, quai numéro 7.

Train de Poitiers, quai numéro 13, 16h23.

Train de Caen, 16h18, quai 2.

Train de Niort, 15h30, quai 8.

ALPHONSE et...

C'EST OÙ LE GUICHET S'IL VOUS PLAÎT?

LE... LE GUICHET? AH OUI, LE GUICHET, HEU...

C'EST JUSTE EN FACE DU SNACK, VOUS... VOUS VOYEZ?

AH OUI! MERCI!

UN ALLER SIMPLE POUR ROUEN S'IL VOUS PLAÎT!

SOIXANTE-DIX FRANCS!

UN ALLER SIMPLE POUR ROUEN S'IL VOUS PLAÎT!

LE TRAIN POUR ROUEN PART À QUELLE HEURE?

HEU... DANS CINQ MINUTES!

ALLEZ MÉMÉ, VOILÀ TON BILLET! ET BON RETOUR!

?!

Objectif 3 — Prendre le bus

Pour aller à la gare?

– Pour aller à la gare, s'il vous plaît?
– Prenez le bus numéro vingt.
– Merci.

Et pour ces autres destinations, c'est quel numéro? Ecoute la cassette.

C'est quelle ligne?

Regarde le plan et fais des dialogues avec un(e) partenaire.

Exemple

A – C'est quelle ligne pour aller à la patinoire?

B – C'est la 35. Descendez à la gare.

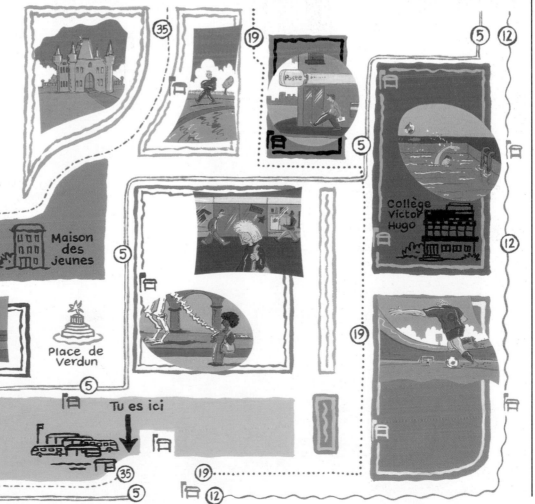

Composte ton ticket!

- Dans le bus aussi il faut composter ton ticket.

- Tu dis 'la gare, s'il vous plaît' au conducteur.

- Le conducteur te dit le prix.

- Tu paies.

- Il te rend la monnaie et te donne le ticket.

- Puis tu compostes le ticket dans la machine.

- N'oublie pas!

Grenoble centre-ville

Copie la grille ci-dessous. Puis écoute les conversations sur la cassette et remplis la grille.

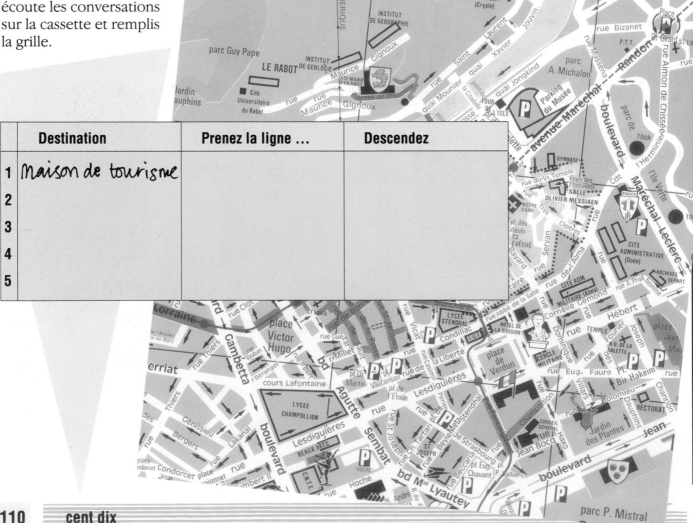

	Destination	Prenez la ligne ...	Descendez
1	Maison de tourisme		
2			
3			
4			
5			

Deux autres moyens de transport à Grenoble

le tramway

Grenoble est situé dans le sud-est de la France, près des Alpes.

Ce tramway à Grenoble est tout nouveau. Il est tranquille, rapide, et ne cause pas de pollution!

Voici un arrêt de tram. Il y a un distributeur automatique de billets.

RÉGIE DU TÉLÉPHÉRIQUE GRENOBLE

Aller - Retour

27 F

BASTILLE

026414

le téléphérique

Pour une vue magnifique sur la ville de Grenoble, prends ce téléphérique fantastique! Cherche-le sur le plan en face.

Station service

Asking questions

Un aller	simple pour Brive, s'il vous plaît.	A single ticket to Brive, please.
	-retour pour Paris, s'il vous plaît.	A return ticket to Paris, please.
Le train de	Lyon part à quelle heure?	What time does the Lyon train leave?
C'est	quelle ligne?	Which bus route is it?
	quel quai?	Which platform is it?

Giving information about travelling

en	bus	by bus
	taxi	by taxi
	voiture	by car
à	pied	on foot
Le train part à	sept heures cinq, quai numéro huit.	The train goes at 7.05, platform number 8.
	dix heures, quai douze.	The train goes at 10.00, platform 12.
Prenez le bus numéro	cinq et descendez à la gare.	Take the number 5 bus and get off at the station.
	vingt et descendez au parc.	Take the number 20 bus and get off at the park.

1 Collage-transports

Peux-tu faire un collage-transports?
Découpe des photos et des articles
de magazines sur les moyens de transport.
Prépare un poster et fais des dessins.
N'oublie pas de tout nommer et colorier!

1 Photo-route

Regarde ces photos. Comment est-ce qu'on
y va? A pied? En taxi?

  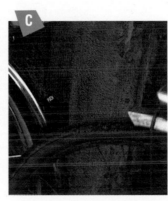 

2 Soyez prudent: réservez!

Lis ce billet. Réponds aux questions.
Sers-toi du vocabulaire pour tout découvrir.

1 Qu'est-ce que c'est? Un billet de train?
2 Il coûte combien?
3 On est parti à quelle heure?
4 Qu'est-ce qu'on ne peut pas faire dans ce
   compartiment?
5 On a quitté quelle gare?
6 On est allé où?

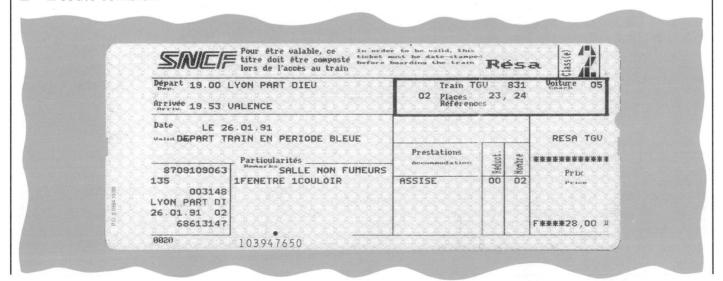

Objectif 1

Parler des vacances

Tu pars en vacances?

Tu pars en vacances? Travaille avec un(e) partenaire. Regarde les photos, choisis à tour de rôle des vacances et fais des conversations.

Exemple

A – Tu pars en vacances?
B – Oui, on va à la mer. J'adore ça.
A – Et qu'est-ce que tu vas y faire?
B – On va aller à la plage, nager, bronzer …
Et toi? Tu pars en vacances?

On va à la mer.

On va à la campagne.

On va à la montagne.

On va en colonie de vacances.

Rappel

Tu pars en vacances?	Oui, on va	à la montagne. en colonie de vacances. à la mer. à la campagne.
	Non, on reste à la maison.	

Mots en image

les douches

un pédalo

un matelas pneumatique

un maillot de bain

des lunettes de soleil

un parasol

une pelle

le lait de soleil

une serviette

le sable

ALPHONSE et...

Qu'est-ce que J'aime faire en vacances? Ben J'aime **NAGER**

J'aime faire du **SKI NAUTIQUE**...

J'aime aussi faire de **L'ALPINISME**...

Et puis J'aime me **BRONZER** bien sûr

BONJOUR! LÈVE-TOI!

ET QU'EST-CE QUE JE FAIS? DU CAMPING SOUS LA PLUIE AVEC **ELLE!**

Mes vacances préférées

Voici les résultats d'un sondage fait à l'Ecole Française Charlemagne à Pointe Noire, à la République Populaire du Congo. On a posé la question: 'Quel genre de vacances préfères-tu?'

aller à la campagne 12%

voyager/visiter 8%

aller à la mer 50%

aller à la montagne 30%

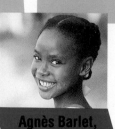

Agnès Barlet, 12 ans

Je rêve d'aller faire du ski.... pour aller à la montagne.

Yannick Millot, 12 ans

J'aime aller faire des voyages en voiture. Je rencontre des copains et visite beaucoup.

Mélaine Delcroix, 13 ans

J'aime bien aller à la campagne. C'est calme et très joli. Il y a des animaux.

Et toi? Qu'est-ce que tu préfères comme vacances? Travaille avec un(e) partenaire et échange les idées.

Activités de vacances

🔊 Regarde les dessins, écoute la cassette et décide qui parle.

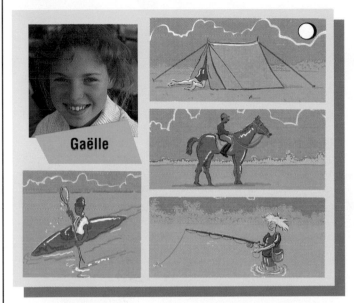

Gaëlle

Jihen

Philippe

Emeline

Et toi, qu'est-ce que tu aimes faire comme activités de vacances? Choisis deux ou trois activités et note-les. Ton/ta partenaire doit deviner ce que tu fais.

Rappel

		de l'alpinisme.
Je	fais	de la planche à voile.
		du surf.
		du cheval.
		du ski nautique.
		du camping.
		du canoë-kayak.
	bronze.	
	me repose.	
	vais à la pêche.	

Objectif 2

Parler du temps

il fait du brouillard

il pleut

il fait beau

Quel temps fait-il?

 Regarde les dessins et écoute la cassette. On parle du temps. Quel temps fait-il?

il fait du soleil

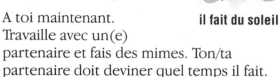

il fait froid

il neige

A toi maintenant. Travaille avec un(e) partenaire et fais des mimes. Ton/ta partenaire doit deviner quel temps il fait.

il fait du vent

il fait chaud

Qu'est-ce qu'on fait?

Il fait beau, il fait beau, Il fait su-per su-per beau. Qu'est-ce qu'on fait?

Qu'est-ce qu'on fait? On va à la pla-ge. ai-lle.

Verses 1 - 4 | last verse only

À l'a-ttaque, à l'a-ttaque, à l'a-ttaque, On fait une bat-ai-lle!

2

Il fait chaud, il fait chaud,
Oh là là, qu'est-ce qu'il fait chaud.
Qu'est-ce qu'on fait?
Qu'est-ce qu'on fait?
Tiens, on mange une glace.

3

Oh zut, il pleut, oh non, il pleut,
Quel temps affreux, il pleut, il pleut.
Qu'est-ce qu'on fait?
Qu'est-ce qu'on fait?
Si on regardait la télé?

4

Il fait froid, brrr il fait froid,
Oh, ça m'énerve, il fait froid.
Qu'est-ce qu'on fait?
Qu'est-ce qu'on fait?
Eh bien, on prend un p'tit café.

5

Regarde il neige, ah oui il neige,
Chic alors, il neige, il neige.
Qu'est-ce qu'on fait?
Qu'est-ce qu'on fait?
On fait une bataille.
A l'attaque, à l'attaque, à l'attaque,
On fait une bataille!

Station service

Asking questions

Tu pars en vacances?		Are you going on holiday?
Qu'est-ce que	**tu préfères comme vacances?**	What sort of holiday do you prefer?
Quel	**temps fait-il?**	What's the weather like?

131

Saying what the weather is like

Il	**pleut.**	It's raining.
	neige.	It's snowing.
Il fait	**beau.**	It's fine.
	chaud.	It's hot.
	froid.	It's cold.
Il fait	**du soleil.**	It's sunny.
	du vent.	It's windy.
	du brouillard.	It's foggy.

Saying where you're going on holiday

132

On va	**à la montagne.**	We're going to the mountains.
	à la campagne.	We're going to the countryside.
	en colonie de vacances.	We're going to a summer camp.
	rester à la maison.	We're staying at home.

Expédition Maroc

LE GRAND SUD

MARRAKECH • OUARZAZATE • ZAGORA • DUNES DE TINFOU • TATA • VALLEE DES MERVEILLES • TAROUDANT

Une véritable expédition … le transport en Land Rover vous mène à l'Anti-Atlas, un autre Maroc.

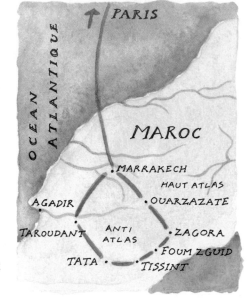

Jour 1 : Marrakech

Arrivée à Marrakech, transfert et installation au campement près de Marrakech.

Jour 2 : Marrakech – Ouarzazate (200 km)

Traversée du Haut Atlas. Bivouac à Ouarzazate.

Jour 3 : Ouarzazate – Zagora (170 km)

Visite de la vallée du Draa. Bivouac dans les dunes de Tinfou.

Jour 4 : Zagora – Foum Zguid – Tissint (250 km)

Traversée du désert, alternant sable, dunes et petits canyons. Baignade dans les cascades de l'Oued Tissint. Nuit en bivouac.

Jour 5 : Tissint – Tata – Vallée des Merveilles (180 km)

Visite de l'oasis de Tata et la vallée des Merveilles. Bivouac à l'entrée de la vallée.

Jour 6 : Vallée des Merveilles

Expédition à pied dans ce site unique et totalement préservé.

Jour 7 : Vallée des Merveilles – Taroudant – Marrakech (310 km)

Route pour Taroudant. Déjeuner et visite, puis par la magnifique route du col du Tizi N'Test on rejoint les vallées d'Ouirgane et Asni. Dîner et nuit dans un hôtel à Marrakech.

Jour 8 : Marrakech

Temps libre pour découverte personnelle de la Médina et transfert à l'aéroport.

RENSEIGNEMENTS PRATIQUES

Monnaie : Dirhams Marocains

Vol : Paris – Marrakech : 3h30

Transfert à l'arrivée : en voiture ou en minibus. Marrakech 15 mn.

CLIMAT

Climat sec et agréable (18 à 25 degrés) de novembre à avril, saison chaude (28 à 32 degrés) de mai à octobre.

Les séjours à Marrakech sont particulièrement agréables pendant l'hiver, de décembre à avril.

Dans le sud, les nuits sont très fraîches en hiver, mais les hôtels disposent de chauffage. Les hôtels de Ouarzazate et Zagora ont tous l'air conditionné.

LOGEMENT

Hébergement et repas en bivouac : tente, type igloo à 2 places et matelas de mousse. Pension complète.

Minimum de participants : 5.

Moyen de transport : Land Rover châssis long, 9 personnes maximum.

Le Québec

MONTREAL • TROIS RIVIERES • LAC A LA CROIX • CHICOUTIMI • LA MALBAIE • QUEBEC

La grande expédition Québec … faire le tour de Québec en confort d'autocar avec guide.

Jour 1 : Montréal

Arrivée à l'aéroport de Mirabel.

Nouvel Hôtel.

Jour 2 : Montréal – Trois Rivières

Place Ville Marie, le Mont Royal, rue Ste Catherine … Puis route pour Trois Rivières.

Hôtel Auberge des Gouverneurs.

Jour 3 : Trois Rivières – Lac à la Croix

Route traversant la Mauricie. A Grandes Piles, visite du Musée du Bûcheron. Arrivée à Lac à la Croix.

Logement chez une famille.

Jour 4 : Lac à la Croix – Chicoutimi

En pleine nature, vous découvrez la faune et la flore canadiennes.

Hôtel Chicoutimi.

Jour 5 : Chicoutimi – La Malbaie

Faites une croisière pour découvrir le Fjord du Saguenay et ses falaises saisissantes. On continue la route et longe le St Laurent jusqu'à La Malbaie.

Hôtel Manoir Charlevoix.

Jour 6 : La Malbaie – Québec

Traversée du Comté de Charlevoix. Visite du canyon des chutes Ste Anne.

Hôtel Roussillon.

Jour 7 : Québec

Seule ville fortifiée d'Amérique du nord, Québec avec ses ruelles pavées, ses maisons anciennes, la Place Royale, la Citadelle. Visite de l'île d'Orléans.

Hôtel Roussillon.

Jour 8 : Québec – Montréal

Visite de la réserve indienne d'Odanak. Cette visite permet un contact avec d'autres habitants du Québec : les Amérindiens. Ici ce sont les Abénakis qui vous expliquent leurs coutumes et leur vie d'aujourd'hui.

RENSEIGNEMENTS PRATIQUES

Monnaie : Dollars Canadiens

Vol : Paris – Montréal : 7h30

CLIMAT

Hiver rigoureux. Eté tempéré dans le nord, chaud dans le sud. Ne manquez pas le superbe été indien, fin septembre. Meilleure saison de mai à septembre. Pendant l'hiver, possibilité de séjours-neige.

LOGEMENT

Hébergement et repas en hôtels de qualité.

Voyages Corse

RANDONNEE D'UNE SEMAINE

Au cœur de la Corse d'anciens sentiers vous mènent de la citadelle de Corte au golfe de Porto, en passant par de magnifiques forêts de pins.

RENSEIGNEMENTS PRATIQUES

Monnaie : Francs français

Transports : Vols de Paris et de Marseille.
Bateaux à partir de Marseille.

CLIMAT

Températures méditerranéennes sur la côte.
En été température moyenne 21 degrés.

Climat alpin dans la montagne :
18 degrés en été,
2 à 3 degrés en hiver.

LOGEMENT

Petit hôtel de qualité. Repas du soir et petit déjeuner.
Portage de sacs en voiture.

1er Jour

Rendez-vous à 15 h à l'auberge du Bosquet à St-Pierre-de-Venaco. Découverte de la région.

2e Jour

St-Pierre-de-Venaco à Corte par d'anciens chemins de bergers.

3e Jour

Corte à Casamaccioli par la vallée de Tavignano et le col de la Croix.

4e Jour

Casamaccioli vers le col de Vergio par le 'chemin de la ronde'.

5e Jour

Descente à Evisa dans la matinée. L'après-midi, visite du village, ou randonnée jusqu'à un village abandonné.

6e Jour

Dans la matinée, descente de la vallée de la Spelunca jusqu'au magnifique village d'Ota. L'après-midi, Porto et son golfe avec possibilité de se baigner dans la mer.

7e Jour

Visite des Calanches de granit rouge de Piana.

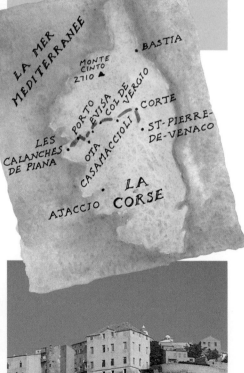

Bonjour Guadeloupe

VACANCES DE LUXE

L'expérience guadeloupéenne vous attend … une semaine à La Toubana Beach Hotel avec sa situation exceptionnelle, près d'une vaste plage de sable, à 1 km du centre de Gosier.

LA TOUBANA BEACH HOTEL

Chambres climatisées, équipées de 2 grands lits, avec bains, radio, téléphone direct, téléviseur, vidéo, et balcon.

Logement et petit déjeuner buffet.

Option demi-pension (dîner).

A VOTRE DISPOSITION

Restaurant (spécialités antillaises – fruits de mer, langoustes, cuisine créole), snack-bar, discothèque, boutique.

Piscine avec solarium.

Plage privée.

ANIMATION

Le soir, animation par l'équipe de l'hôtel : orchestre, soirée créole, steelband, ballet folklorique.

SPORTS ET LOISIRS

 Tennis

▲ Pétanque, volley-ball, ping-pong, mini-golf

◆ Gymnastique tonique et aquatique

● Planche à voile

 Ski nautique

◆ Scooter de mer

● Pêche

▲ Plongée sous-marine

RENSEIGNEMENTS PRATIQUES	CLIMAT
Monnaie : Francs français	Tropical. Saison sèche de janvier à avril. Température moyenne 22 à 30 degrés sur la côte.
Transports : Vols réguliers et charters de Paris.	
Langue officielle : Le Français. On parle aussi le Créole.	La nuit tombe très rapidement.

1 Qu'est-ce qu'on fait à Gavarnie?

RT Gavarnie est un village dans les Pyrénées. Qu'est-ce qu'on y fait en vacances? Ecris quatre réponses dans ton cahier.

Mes projets de vacances

A Ecris une ou deux lettres à des correspondant(e)s français(es). Parle de tes projets de vacances – où tu vas, quand, et tes activités de vacances.

*Cher.../ Chère...,
Tu pars en vacances cet été? Moi, je ...*

1 En vacances

RD Remplace les dessins par les mots justes.

J'adore les vacances. Normalement on va

C'est super! Je m'amuse sur   . On joue

et on peut même faire   . Mes activités préférées sont

et la   . L'année prochaine on va

faire   . On va faire   et

En Amérique

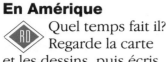 Quel temps fait il? Regarde la carte et les dessins, puis écris les réponses.

Exemple
Au Québec il fait froid.

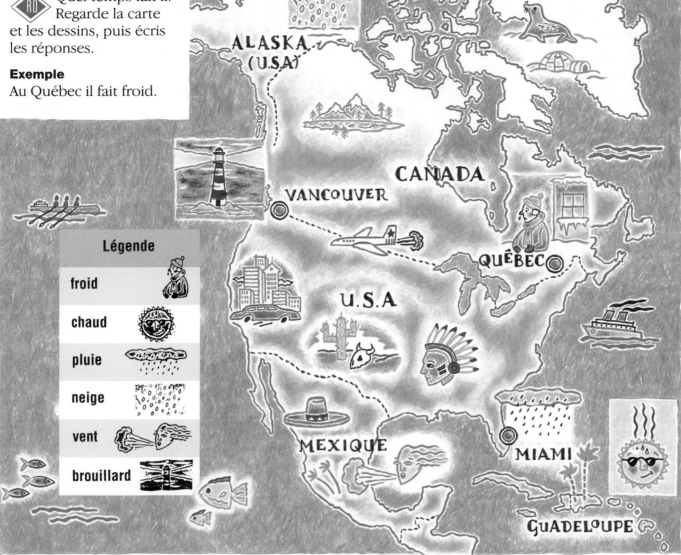

Légende

froid	
chaud	
pluie	
neige	
vent	
brouillard	

Une question de temps

A Lis le dialogue. Si tu remplis bien les blancs tu trouveras un message secret au sujet du temps.

– Quelle heure est-**?
– Trois heures et demie.
– Qu'est-ce qu'on *ait?
– On v* au parc? *l fait beau.
– Oui, si *u veux. Tu viens?
– *'accord. On y va en b*s?
– Oui, bien sûr. Je n'ai pas de *élo, moi.
– Moi, je veux jou*r au volley-ball au parc. Et toi?
– *on, il fai* trop chaud. Je préfère manger une glace.
– Tiens, voilà une bonne idée! D'accord.

Le temps qu'il fait!

RT Invente des symboles toi-même pour le temps. Montre-les à un(e) partenaire, et pose la question: 'Quel temps fait-il?'

Exemple
A – Regarde mon dessin, Alain. Quel temps fait-il?
B – Il fait du vent?
A – Non.
B – Il fait chaud?
A – Oui, très bien. A toi maintenant.

Part 1 Nouns

Nouns are words we give to people, places or things. Words like sister, football stadium and chewing gum are all nouns.

There are two groups of nouns in French, one called masculine the other called feminine.

Nouns can be singular or plural.

Singular

A singular noun is used when we are talking about one person, place or thing:

I have a *boyfriend*.
The *town* has a *swimming pool*.
He has a *motorbike*.

Plural

A plural noun is used when we are talking about more than one person, place or thing:

Rock stars love publicity.
There are a lot of *shops* in this town.
Cars cost a lot of money.

As you can see, for plural nouns in French you usually add on an **-s**, as in English. But in French the **-s** is not normally pronounced.

Singular	Plural
crayon	crayons
livre	livres
cahier	cahiers
page	pages
chaise	chaises
fenêtre	fenêtres

Part 2 The definite article

How to say 'the' in French. There are four ways:

le for masculine nouns

le	livre
	crayon

la for feminine nouns

la	page
	cassette

l' for feminine and masculine nouns beginning with a vowel or 'h'

l'	été
	hiver
	orange
	heure

les for all nouns in the plural

les	livres
	chaises
	heures
	oranges

What are vowels?
Try to find out, if you can't remember.

If you want some practice using the definite article, ask your teacher for exercise 1 on copymaster 90.

Part 3 The indefinite article

How to say 'a' or 'an' in French. There are two ways:

un for a masculine noun

un	vélo
	cadeau

une for a feminine noun

une	porte
	voiture

If you want some practice using indefinite and definite articles, ask your teacher for exercise 2 on copymaster 90.

Part 4 The partitive article

How to say 'some' or 'any' in French.

For singular nouns there are three ways:

du for masculine nouns

Encore du	café?
	lait?

de la for feminine nouns

Tu veux de la	confiture?
	soupe?

de l' for masculine or feminine nouns beginning with a vowel or 'h'

Tu veux de l'	eau
	oignon?

For plural nouns there is only one way:

des for all nouns

Tu as des frères et des sœurs?

If you want some practice using the partitive article, ask your teacher for exercise 3 on copymaster 90.

Part 5 Quantities

How to say a container (eg a tin) or a weight (eg one kilo) or a measure (eg one metre) of something.

In French you use a container/weight/measure + **de** + noun, or **d'** for nouns beginning with a vowel or an 'h'.

un bol une tasse une boîte un kilo un mètre un verre	de	chocolat café sardines tomates tissu
	d'	eau

Part 6 Adjectives

Adjectives are words which describe someone or something:

She's *sad*.
He's *French*.

Most adjectives have a different masculine and feminine form. Usually, the feminine form is slightly longer and the ending is pronounced.

masculine		feminine	
je suis il est	tunisien écossais français québécois irlandais gallois anglais	je suis elle est	tunisienne écossaise française québécoise irlandaise galloise anglaise

If you want some practice using these adjectives, ask your teacher for exercise 4 on copymaster 90.

Possessive adjectives

How to say 'my' and 'your'.
Hey, that's *my* pen – here's *your* pen!

My (with singular nouns)

When the noun is singular use **mon** for masculine nouns:

mon	stylo frère ami

Use **ma** for feminine nouns:

ma	cassette sœur

Use **mon** for any nouns beginning with a vowel or 'h'

mon	amie

Your (with singular nouns)

When the noun is singular use **ton** for masculine nouns:

ton	stylo frère ami

Use **ta** for feminine nouns:

ta	cassette sœur

Use **ton** for any nouns beginning with a vowel or 'h'

ton	amie

My (with plural nouns)

Use **mes** for masculine and feminine nouns when the noun is plural:

mes	frères amis sœurs amies

Your (with plural nouns)

Use **tes** for masculine and feminine nouns when the noun is plural:

tes	frères amis sœurs amies

If you want to practise using possessive adjectives, ask your teacher for exercise 5 on copymaster 90.

Part 7 Verbs

Verbs are 'doing' words, or words which tell us what is happening.

The infinitive

In vocabularies and dictionaries verbs are written in the infinitive form, the form which means 'to …'.

In French, infinitives are easy to spot as they always end in **-er**, **-re** or **-ir**:
jouer = to play
sortir = to leave
attendre = to wait

Talking about yourself

In English there are two main ways of talking about yourself:
I listen to the radio.
I am listening to the radio.

In French, there is only one way:

Use **je** followed by the verb which very often ends in **-e**:

je	regarde la télé
	joue au tennis
	m'appelle Claire

Use **j'** with a verb which starts with a vowel or 'h':

j'	écoute la radio
	habite près du stade

Most of the other verbs end in **-s**, but the **-s** is not pronounced:

je	suis marocaine
	vais en ville
	fais les magasins
	lis les BD
	prends le train

One or two end in **-x**:

je	veux une glace
	peux sortir?

And last but most useful:

j'	ai deux frères

Try to learn all of these by heart. They all crop up very often in the French you'll hear.
Test your partner from time to time.

Saying you like doing or want to do something

Use **j'aime** + infinitive to say 'I like to …' and **je veux** + infinitive to say 'I want to …'.

j'aime je veux	prendre le métro
	écouter de la musique
	jouer avec l'ordinateur
	aller à la piscine
	partir en vacances

If you would like to practise using **j'aime** + infinitive, ask your teacher for exercise 6 on copymaster 90.

Asking a friend or relative questions

In English there are two main ways of doing this:
Do you watch television?
Are you watching television?

In French the easiest way is:

Tu	regardes la télévision?
	ranges tes affaires?
	t'appelles comment?
	habites en ville?
	aimes mon pull?

Have you noticed that the verb endings are different from those for **je**? Not **-e** but **-es**.

Most other verbs also end in **-s** when they follow **tu**:

Tu	es Français?
	vas au match?
	fais la vaisselle?
	lis beaucoup?
	prends une limonade?
	as un animal?

*Do these verbs end in **-es**? Again, they're worth learning by heart.*

A small number of verbs end in **-x**:

Tu	veux du pain?
	peux ranger ta chambre?

Asking a friend or relative if they like doing something or if they want to do something

Use **tu aimes** + infinitive to ask 'Do you like to …?' and **tu veux** + infinitive to ask 'Do you want to …?'

Tu	aimes veux	regarder la télé? écouter de la musique? choisir une cassette? faire les magasins?

Talking about other people/things

In English there are two main ways of doing this:
He/She watches television.
He/She is watching television.

In French there is only one way, usually ending in **-e**:

il/elle	aime le foot regarde une vidéo s'appelle Pierre/Leila habite à Lyon

Have you noticed the endings for these verbs are the same as those for the je examples?
Look up some infinitive verbs ending in -er, eg écouter, and see if you can work out the right verb endings for je and il/elle.

Many other verbs end in **-t**, which is not pronounced:

il/elle	fait des courses est belge lit le texte peut aller en ville

Some others end in **-d** which is not pronounced:

il/elle	prend le bus comprend bien

If you would like to practise using **je**, **tu**, **il/elle** and **ça** + verb, ask your teacher for exercise 7 on copymaster 90.

Talking about what other people like doing or want to do

Use **il/elle aime** + infinitive to say 'He/She likes to …' and **il/elle veut** + infinitive to say 'He/She wants to …'.

il/elle	aime veut	écouter de la musique aller à la patinoire faire du sport prendre un café partir au Maroc

Using **on** instead of il/elle

On is often used in French instead of **il/elle**. It is used to mean 'we', 'people', 'someone', 'they', 'you'. Look at the following examples – the pattern is the same as in **il/elle** above:

Ici on parle français	We/they/people speak French here.
On va en ville?	Shall we go into town?
Qu'est-ce qu'on t'a offert?	What did people/they give you?
On peut visiter le château.	You can visit the castle.

Talking about things which haven't happened yet

So far we have met one way (which is also the easiest way) of saying what is going to happen:

je vais tu vas il/elle va	aller en ville jouer au volley-ball? prendre l'avion choisir une cassette

Later on we shall learn another way.

Telling people to do things

The form of the verb you use when giving an order or instruction to someone is known as the imperative.

When giving an instruction to a friend or relative, you will find most of the verbs end in **-e**:

regarde le tableau

écoute la cassette

ferme la porte

> *To form the imperative, take the infinitive of the verb and drop the final 'r',*
> *eg* **regarder → regarde**

Most other verbs end in **-s**:

viens ici

assieds-toi

finis ça

tais-toi

> *These don't look at all like their infinitives (***venir**, **s'asseoir**, **finir**, **se taire***), but they all copy their* **tu** *forms.*

When giving an instruction or order to more than one person at a time or to an adult, you will find most of the verbs end in **-ez**:

entrez

asseyez-vous

A small number end in **-es**:

faites vos devoirs

dites bonjour

Saying 'not' and 'never'

Saying you don't do something or you never do something is known as the negative form of the verb:

I do not (don't) understand.
We never celebrate Christmas in Morocco.

Not

Put **ne/n'** … **pas** around the verb:

je	ne	comprends joue veux	pas
	n'	aime	

This works the same way for **il/elle** and **on**:

il/elle on	ne	sait comprend	pas
	n'	aime	

> *Do you know why* **n'** *is sometimes used instead of* **ne***? Try to find out if you're not sure.*

Never

Put **ne/n'** … **jamais** around the verb:

je	ne	prends	jamais	le petit déjeuner
	n'	écoute		la musique

> If you want to practise using negatives, ask your teacher for exercise 8 on copymaster 90.

Part 8 Asking questions

The simplest questions are those that can be answered by 'yes' or 'no'. In French there are two common ways of asking these simple questions. The easiest way is to form your sentence in the normal way and raise the tone of your voice at the end of the sentence.

C'est la Nationale 20?

Tu as des frères et des sœurs?

Il y a un café près d'ici?

Et toi?

> *Practise asking questions with a friend, remembering to raise the tone of your voice at the end of the sentence.*

The second way of forming these simple questions is to add **est-ce-que** or **est-ce qu'** to the start of your sentence:

Est-ce que	c'est la Nationale 20? tu as des frères et des sœurs?
Est-ce qu'	il y a un café près d'ici?

Other types of questions in English begin with words like 'how much/many', 'what', 'how', 'where', 'when', 'who':

Combien de? = how much/how many?

Tu as Il y a	combien de	frères et sœurs? crayons?

C'est Ça coûte	combien?

Comment? = what? how?

Tu t'appelles Il/elle s'appelle Ça s'écrit	comment?

Où? = where?

Où est	la	piscine? patinoire?
	le	château? centre commercial?

Tu vas où?

Quand? = when?

C'est quand	ton anniversaire? le match?

Qu'est-ce que/qu'est-ce qu'? = what?

Qu'est-ce que	tu aimes faire comme loisirs? tu fais ce week-end? tu veux comme glace?
Qu'est-ce qu'	on peut faire ici?

Quel/quelle? = what/which?

Quel est ton	animal plat	préféré?

Quelle est la date? Quelle heure est-il?

C'est	quel	train? jour?
	quelle	ligne? station?

If you want to practise using **quel** and **quelle**, ask your teacher for exercise 9 on copymaster 90.

How old?

Tu as Il/elle a	quel âge?

At what time?

A quelle heure	part le train?

Qui? = who?

Qui	est-ce? parle? a un animal à la maison? a reçu une cassette?

If you want to practise using questions, ask your teacher for exercise 10 on copymaster 90.

Part 9 Saying where things are or where/when they take place

The words used to tell you where things are or where/when they take place are known as prepositions:

I'll meet you *at* the swimming pool.
See you *in* the park *at* three o clock.
Is that my pen *on* the floor?

à la/au/à l'/à = at, in, to

Use **à la** for feminine nouns:

à la	maison
	gare

Use **au** for masculine nouns:

au	cinéma
	café
	Canada

Use **à l'** for feminine and masculine nouns beginning with a vowel or 'h'

à l'	école
	hôtel

Use **à** for towns:

à	Paris
	Pointe à Pitre

If you want to practise using **au**, **à la** and **à l'**, ask your teacher for exercise 11 on copymaster 90.

chez = at somebody's house/shop/business

chez	moi
	toi
	Anne
	le dentiste

dans = in

dans	la salle de classe
	le métro

derrière = behind

derrière	la porte
	le parc

devant = in front of/outside

devant	la gare
	le cinéma

en = in

en	Côte d'Ivoire
	français

If you want to practise using **en**, **au** and **à** ask your teacher for exercise 12 on copymaster 90.

près de la/du/de l' = near to

près	de la	gare
		patinoire
	de l'	entrée
		hôtel
	du	cinéma
		parc

sur = on/onto

ton pull est	sur	la chaise
pose ta trousse		la table

1 SALUT!

Prénoms brouillés
Use the list on page 5 to help you unscramble these names.

C'est quel prénom?
Can you put these names back together by linking up the correct halves?

Qu'est-ce qu'on dit?
Write down what everyone is saying following the example.

Conversation brouillée
Write out this conversation in the right order.

A toi!
Try to write your name in French handwriting.

2 NOUS VOILA

Code secret
Use the examples given to crack the code.

Remplis les blancs
Copy and complete these sentences using the words given.

Trois lettres
Here are three letters sent to students in Great Britain. Which photo goes with which letter?

3 NOS AMIS LES ANIMAUX

Qui habite ici?
What sort of animal lives here?

Chère Françoise
Read the letter from Cécile then copy and complete the text below.

Non-sens
Find the mistake in each of these statements.

Les maths
Do these sums in French.

Compte les animaux!
How many animals can you find?

4 J'AIME ÇA!

J'aime aller en ville
Write a sentence for each picture using the words in the box to fill in the blanks.

Soupe à loisirs
Put these words in the right order to make a sentence about each photo.

La ronde des loisirs
Write out the sentences hidden in this scarf.

Salade mixte
Write out as many sentences as you can using these words.

5 MERCI, MERCI

Cadeaux surprises
What do you think is in each of these parcels?

Déchiffre le code!
Use the key to help you decipher this secret message.

Trouve des cadeaux
Link up these words to make a list of presents.

Mois brouillés
These jumbled letters are all months of the year. Can you work them out?

C'est quand, l'anniversaire de Francine?
These cards were posted a day before each person's birthday. Look at the postmarks and write down when everyone's birthday is.

Qui c'est?
Look at the people on page 60 and work out who each statement refers to.

6 MIAM, MIAM!

Ça va où?
These jumbled words are all drinks. Work out what they are and decide whether they go in a glass, a cup or a bowl.

Qu'est-ce qu'on a oublié?
Look at the shopping on the table and then read the shopping list. What did they forget?

Un petit problème technique
Work out what these jumbled words are and then divide them into things to drink and things to eat.

Tu as faim?
Write out these conversations, replacing the pictures with words.

Un objet de trop
Write out this conversation in the correct order. Then look at the picture and work out what is <u>not</u> mentioned in the conversation.

7 EN VILLE

Quatre villes
Look at the table and answer the questions.

C'est où?
Where were these photos taken?

C'est où le stade?
Look at the map and write down the grid reference for each of these places using the directions to help you.

On a combien d'argent?
How much money does each purse contain?

8 QUAND, ALORS?

Chez l'horloger
Look at these clocks and write down for each one the answer to the question 'Quelle heure est-il?'

Continue la série
Fill in the gaps with the correct time. Then make up your own code and ask your partner to fill in the gaps.

Autrement dit
Write out these times in your book following the example.

Invitations
Write an invitation to a friend. Choose a name, place and time. Don't forget to say why you are inviting him/her. The words below will give you some ideas.

On a rendez-vous
Look at the pictures and write down where and when these people are meeting someone.

9 EN ROUTE

Collage-transports
Make a poster on the subject of transport. You could use photos and articles from magazines to help you or make your own drawings. Don't forget to label and colour it!

Photo-route
Look at these photos and work out the means of transport shown.

Soyez prudent: résérvez!
Look at this ticket and answer the questions. Use the wordlist at the back of the book to help you.

10 BONNES VACANCES

Qu'est-ce qu'on fait à Gavarnie?
Gavarnie is a village in the Pyrenees. Write down four things you can do there on holiday.

Mes projets de vacances
Write one or two letters to French penfriends telling them about your holiday plans. Mention where and when you are going and what you are going to do there.

En vacances
Copy and complete the text, replacing each picture with the right word.

En Amérique
Look at the map and the drawings and write down what the weather is like in each place.

Une question de temps
Read the dialogue. If you fill in each of the gaps correctly you will find a secret message about the weather.

Le temps qu'il fait!
Make up your own weather symbols. Show them to a partner and ask 'Quel temps fait-il?'

Vocabulaire français — anglais

A

à to, at, in
il/elle a he/she has
un abonnement season ticket
acheter to buy
affreux, affreuse awful
un agenda diary
j' ai I have
agréable pleasant
aimer to like, to love
aîné(e) older
allemand(e) German
aller to go
un aller-retour return ticket
un aller simple single ticket
allô hello (on the telephone)
alors then, well
et alors? so what?
l' alpinisme mountaineering
un ami, une amie friend
amitiés best wishes
s' amuser to have a good time
un an year
anglais(e) English
l' Angleterre England
une année year
un anniversaire birthday
une annonce advert
les Antilles West Indies
antillais(e) West Indian
un appareil-photo camera
s' appeler to be called
après after
un après-midi afternoon
l' argent money
un arrêt bus stop
arrière droit right back
tu as you have
asseyez-vous sit down
une assiette plate
assis(e) sitting down, seated
août August
au to, at, in
aujourd'hui today
autre other, different
autrement differently
aussi also, too
avant before
avec with
un avion plane
nous avons we have
avril April

B

le babyfoot table football
les bagages luggage
les baskets trainers
le bateau boat, ship
beau fine, lovely, beautiful, handsome
beaucoup (de) a lot (of)
belge Belgian
belle fine, lovely, beautiful
le berger allemand alsatian dog
le beurre butter
bien good, well
bien sûr of course
à bientôt see you soon
le bifteck steak
le billet de banque bank note
blanc(he) white
le bocal goldfish bowl
boire to drink
la boisson drink
la boîte box
bon(ne) good
bon appétit enjoy your meal
bonjour hello
bonne nuit goodnight
la boucherie butcher's
les boucles d'oreille ear-rings
la boulangerie baker's
la bouteille bottle
brûler to burn
la boum party
bronzer to sunbathe
le brouillard fog
brouillé(e) jumbled
le but purpose, goal

C

ça this, that
la cabane à lapins rabbit hutch
le cadeau present
le café coffee, café
le cahier exercise book
le cahier d'appel register
la calculatrice calculator
le/la camarade friend
la campagne countryside
la canne à pêche fishing rod
le canoë-kayak canoe
le car coach
le cartable schoolbag
la carte card, map
la carte d'identité identity card
le cerf-volant kite
ces these, those
c'est it is, this is, that is

le centre commercial shopping centre
la chaise chair
la chambre bedroom
le chameau camel
charmant(e) charming, lovely
le chat, la chatte cat
le château castle
le chaton kitten
chaque each, every
chaud(e) hot
la chaussette sock
cher, chère dear
chercher to look for
le cheval horse
chez at/to someone's home
chic alors! great!
le chien, la chienne dog
le chiffre number
chinois(e) Chinese
le chiot puppy
choisir to choose
le circuit de voitures car track
le citron lemon
le cochon d'Inde guinea pig
la colonie de vacances summer camp
colorier to colour
combien (de)? how many? how much?
comme as, like
comment? how? what?
le commissariat police station
composter to punch a ticket, to stamp
le composteur ticket-punch, stamp
compter to count
la confiture jam
connaître to know
la consigne left-luggage
le copain, la copine friend
correspondre to write to someone, to link
le couloir corridor
le coup de téléphone phone call
la cour playground
le cours lesson
les courses shopping
le couteau knife
coûter to cost
le crayon pencil
la cuillère spoon

D

d'abord first of all
d'accord alright, ok
les dames ladies
dans in, into
de of
déchiffrer to decipher
découper to cut
découvrir to discover
décrire to describe
le déjeuner lunch
demander to ask
demi(e) half
le départ departure
le dépliant leaflet
dernier, dernière last
derrière behind
descendre to get off
désolé(e) sorry
le dessin picture, drawing
deuxième second
devant in front of
deviner to guess
les devoirs homework
difficile difficult
dimanche Sunday
le dîner evening meal
dire to say
disposer de to have, to use
le disque record
la disquette computer disk
donner to give
la douche shower
doux, douce gentle
à droite on the right
du of, some
durer to last

E

l' eau water
échanger to exchange, to swap
une école school
écossais(e) Scottish
l' Ecosse Scotland
écouter to listen (to)
écrire to write
l' écriture writing
une église church
un/une élève pupil
elle she, her
en in
encore more
un endroit place
ça m' énerve it annoys me
un enfant child
enfin at last
ennuyeux, ennuyeuse boring

l' entrée entrance
entretemps meanwhile
entrez! come in!
envoyer to send
tu es you are
il/elle est he/she is
est east
et and
un étage floor
une étape stage
l' été summer
extra! great!

F

en face opposite
se fâcher to get angry
facile easy
j'ai faim I'm hungry
faire to do, to make
il faut you have to
faux false, wrong
fermez close, shut
la fenêtre window
fêter to celebrate
février February
la fille girl, daughter
le fils son
finir to finish
des fois sometimes
la fourchette fork
la fraise strawberry
français(e) French
francophone French-speaking
le frère brother
les frites chips
froid(e) cold
le fromage cheese

G

gallois(e) Welsh
le garçon boy
la gare (SNCF) railway station
les gars lads
à gauche on the left
le genre type
les gens people
gentil(le) kind
la glace ice-cream
le goûter tea
grand(e) big
grand-chose much
le grand-père grandfather
la grand-mère grandmother
griffer to claw
guadeloupéen(ne) from Guadeloupe
le guichet ticket office, counter

H

habiter to live
d' habitude usually
l' heure hour, time
quelle heure est-il? what's the time?
un homme man
une horloge clock
un horloger jeweller's

I

ici here
il he
il y a there is, there are
une image picture
un immeuble block of flats
irlandais(e) Irish

J

jamais never
le jardin garden
janvier January
je I
le jeu game
le jeu de société board game
jeudi Thursday
jeune young
les jeunes young people
le jogging tracksuit
joli(e) pretty, nice
jouer to play
le jour day
juillet July
juin June
juste right, correct

L

le lait milk
le lait de soleil sun-tan lotion
le lapin rabbit
leur their
je me lève I get up
la librairie bookshop
libre free
la ligue league
lire to read
le lit bed
le livre book
les loisirs hobbies, leisure activities
lundi Monday
les lunettes de soleil sunglasses

ma my
le magasin shop
le magnétophone tape recorder
mai May
le maillot de bain swimming costume/trunks
maintenant now
mais but
la maison house, home
malade ill
malgache Malagasy
malheureusement unfortunately
maman mum
manger to eat
le marché market
mardi Tuesday
mars March
le matelas pneumatique airbed
le matin morning
même same, even
mémé grandma
mener to lead
la mer sea, seaside
merci thank you
mercredi Wednesday
la mère mother
mes my
la messe mass
messieurs gentlemen
midi midday
mignon(ne) sweet, pretty
minuit midnight
moche awful, ghastly
moi me
moins less, minus
le mois month
mon my
le monde world
la monnaie change
la montagne mountain
monter à cheval to go horse-riding
la montre watch
montrer to show
mordre to bite
le mot word
la moto motorbike
la mouche fly
le moyen means
le musée museum

nager to swim
la nappe tablecloth
ne ... pas not
il neige it's snowing
la niche kennel

nommer to name
non no, non
non fumeur non smoking
non lucratif non profit-making
nord north
notre our
nous we
nouveau, nouvel(le) new
la nuit night
nul(le) useless

ouest west
on m'a offert I was given
un oiseau bird
on one, we, they
un ordinateur computer
ou or
où where
oublier to forget
oui yes
ouvrez open

le pain bread
le panier basket
le papillon butterfly
le parasol beach umbrella
parce que because
parfois sometimes
le parfum flavour
le parking car park
parler to speak
la partie part, some, game
partir to leave
à partir de from
le passe-temps pastime
les pâtes pasta
la patinoire ice-rink
les patins à roulettes roller skates
la pâtisserie cake shop
le pays country
le pays de Galles Wales
la pêche fishing
le peignoir dressing gown
la pelle spade
la peluche soft toy
pendant during
la pendule clock
pénible a real pain
penser to think
le père father
le perroquet parrot
la perruche budgie
petit(e) small
le petit déjeuner breakfast

peu little
peut-être perhaps
je peux I can
la pharmacie chemist's
la pièce (de monnaie) coin
à pied on foot
la piscine swimming pool
la piste track, trail
la piste cyclable cycle track
la plage beach
la planche à voile windsurfing, sailboard
le plat dish
le plateau tray
il pleut it's raining
la pluie rain
plus tard later
plutôt rather, instead
le poisson fish
le poisson rouge goldfish
le poivre pepper
pollué(e) polluted
la porte door
poser to ask
posséder to have, to own
la poubelle dustbin
le poulet chicken
pour for
pourquoi why
pratique useful, practical
premier, première first
prendre to take, to have
le prénom first name
près near(by)
prêter to lend
le prix price
le professeur teacher
se promener to go for a walk
prudent(e) wise
PTT post office
puis then, next

Q

le quai platform
quand? when?
le quart quarter
le quartier district, area
quatrième fourth
québécois(e) from Quebec
quel(le)? which?, what?
quelqu'un someone
quelque(s) some, a few
quelque chose something
qui who, that
quitter to leave
quoi what

R

ranger to tidy
tu reçois you receive
j'ai reçu I received
regarder to look at, to watch
recopier to copy, to write out
rejoindre to put back together
remplacer to replace
remplir to fill
rencontrer to meet
le rendez-vous meeting
rendre visite to pay a visit
rentrer to get home
le repas meal
répéter to repeat
répondre to reply
la réponse reply
se reposer to rest
rester to stay, to remain
le retour journey home
le rétroprojecteur
overhead projector
se retrouver to meet up
rêver to dream
la revue magazine
rien nothing
le riz rice
rouler to roll along
la rue road

S

le sable sand
sale dirty
la salle room, cinema
la salle de classe classroom
salut hello
samedi Saturday
le sel salt
le serpent snake

la serviette napkin, towel
seul(e) alone, only
le ski nautique water ski-ing
simple single
s'il vous plaît please
la sœur sister
j'ai soif I'm thirsty
le soir evening
le soleil sun(shine)
le sondage survey
sortir to go out
souffler to blow
sourire to smile
la souris mouse
sous la pluie in the rain
le stade football stadium
le steack hâché hamburger
le stylo pen
sud south
ça suffit that's enough
je suis I am
suisse Swiss
le supermarché supermarket
sur on, onto
surtout especially

T

ta your
le tableau blackboard, board
tais-toi! shut up!
la tante aunt
la tasse cup
télécommandé(e) remote control
le temps weather
le terrain des jeux sports ground
tes your
le thé tea
le timbre stamp
toi you
toi-même yourself
ton your
la tortue tortoise
à tour de rôle in turns
tourner to turn
le tournoi tournament
tout(e), tous, toutes all, every
tout droit straight on
le trajet journey
tranquille quiet, peaceful
transmettre to pass on
travailler to work
très very
triste sad
troisième third
trop too much
la trousse de toilette sponge bag
trouver to find

V

il/elle va he/she goes
les vacances holiday(s)
je vais I am going, I go
la vaisselle washing up
tu vas you go
le vélo bicycle
le vélo tout terrain mountain bike
vendre to sell
vendredi Friday
venez ici come here
le vent wind
le ventre stomach
vérifier to check
le verre glass
vers (at) about
je veux I want
tu viens? are you coming?
vieux, vieille old
la ville town
le vin wine
vite fast, quickly
vivre to live
voici here is, here are
voilà there is, there are
voir to see
voisin neighbour
la voiture car
vos your
vous you
vrai true, correct
vraiment really

Z

zut! damn!

A

afternoon l'après-midi
2.30 in the afternoon 2.30 de l'après-midi
I am French je suis français(e)
and et
April avril
August août
aunt la tante

B

to go to the beach aller à la plage
I go to the beach je vais à la plage
bedroom la chambre
Belgian belge
bicycle le vélo
by bicycle à vélo
birthday l'anniversaire
biscuit le biscuit, la biscotte
(black)board le tableau
by boat en bateau
book le livre
bowl (of hot chocolate) le bol (de chocolat)
box of chocolates la boîte de chocolats
boy le garçon
bread le pain
breakfast le petit déjeuner
brother le frère
budgie la perruche
by bus en bus
but mais
butter le beurre

C

calculator la calculatrice
to go camping faire du camping
I go camping je fais du camping
to go canoeing faire du canoë-kayak
I go canoeing je fais du canoë-kayak
by car en voiture
castle le château
cat le chat
cathedral la cathédrale
cereal les céréales
Chinese New Year le nouvel an chinois
chocolate le chocolat
box of chocolates la boîte de chocolats
chocolate ice cream la glace au chocolat
Christmas Noël
church l'église
cinema le cinéma
to go to the cinema aller au cinéma
I go to the cinema je vais au cinéma
climbing l'alpinisme
to go climbing faire de l'alpinisme
I go climbing je fais de l'alpinisme
by coach en car

coffee le café
coffee ice-cream la glace au café
it's cold il fait froid
computer l'ordinateur
to play on the computer jouer avec l'ordinateur
I play on the computer je joue avec l'ordinateur
computer disk la disquette
to go to the countryside aller à la campagne
we go to the countryside on va à la campagne
cup (of coffee) la tasse (de café)

D

December décembre
disco la disco
dog le chien
to drink boire
I drink je bois
he/she drinks il/elle boit
they drink ils/elles boivent
to take out the dustbin sortir la poubelle
I take out the dustbin je sors la poubelle

E

to eat manger
I eat je mange
he/she eats il/elle mange
they eat ils/elles mangent
evening le soir
6.00 in the evening six heures du soir
evening meal le dîner
exercise book le cahier

F

false faux
father le père
to my father's chez mon père
February février
it's a fine day il fait beau
first le premier/la première
to go fishing aller à la pêche
I go fishing je vais à la pêche
it's foggy il fait du brouillard
on foot à pied
football stadium le stade
fourth quatrième
French français
friend le copain
to a friend's house chez un copain
in front of (the station) devant (la gare)

to do the gardening travailler dans le jardin
I do the gardening je travaille dans le jardin
to get off (at the park) descendre (au parc)
get off (at the cathedral) descendez (à la cathédrale)
girl la fille
glass (of milk) le verre (de lait)
to go aller
I go je vais
goldfish le poisson rouge
grandfather le grand-père
grandmother la grand-mère
grandparents les grands-parents
to my grandparents chez mes grands-parents
(from) Guadeloupe guadeloupéen(ne)
guinea pig le cochon d'Inde

half past (one) (une heure) et demie
I hate je déteste
I have (a sister) j'ai (une sœur)
Have you (got any pets)? Tu as (un animal a la maison)?
I have (some coffee) je prends (du café)
he/she has (a cup of tea) il/elle prend (une tasse de thé)
they have (an omelette) ils/elles prennent (une omelette)
you have to (get off) il faut (descendre)
hamster le hamster
he (is called Jean) il (s'appelle Jean)
hello! Salut!/Bonjour!
I'm going on holiday je pars en vacances
to stay at home rester à la maison
I stay at home je reste à la maison
to do homework faire les devoirs
I do my homework je fais mes devoirs
horse le cheval
to go horse riding monter à cheval
hospital l'hôpital
it's hot il fait chaud
hot chocolate le chocolat chaud
to do the housework ranger la maison
I do the housework je range la maison
by hovercraft en hovercraft
How many cats are there? Il y a combien de chats?
How much does it cost? Ça coûte combien?
I'm hungry j'ai faim
Are you hungry? Tu as faim?

I je, j'
ice-cream la glace
ice rink la patinoire
to go ice skating aller à la patinoire
I go ice skating je vais à la patinoire

jam la confiture
January janvier
July juillet
jumper le pull
June juin

karate le karaté
to do karate faire du karaté
I do karate je fais du karaté

to leave (at 6 o'clock) partir (à six heures)
the train leaves (at midday) le train part (à midi)
left à gauche
lemon ice-cream la glace au citron
I like j'aime
I don't like je n'aime pas
I quite like j'aime bien
I really like j'aime beaucoup
line la ligne
to listen to (music) écouter (de la musique)
I listen to (music) j'écoute (de la musique)
I live (in Paris) j'habite (à Paris)
he/she lives (at 1, rue …) il/elle habite (1, rue …)
look at (the board) regardez (le tableau)
lunch le déjeuner

March mars
May mai
by metro en métro
midday midi
midnight minuit
milk le lait
money l'argent
morning le matin
(7.00) in the morning (7.00) du matin
mother la mère
by motorbike à moto
mountain la montagne
mouse la souris
museum le musée
music la musique

my name is ... je m'appelle ...
his/her name is ... il/elle s'appelle ...
their names are ... ils/elles s'appellent ...
What's your name? Tu t'appelles comment?
What nationality are you? Tu es de quelle nationalité?
November novembre

October octobre
How old are you? Tu as quel âge?
omelette l'omelette
only child fils/fille unique
open (your exercise books) ouvrez (vos cahiers)
orange juice le jus d'orange

pardon? comment?
park le parc
pencil le crayon
to play (tennis) jouer (au tennis)
I play (tennis) je joue (au tennis)
by plane en avion
platform le quai
please s'il vous plaît
police station le commissariat
pony le poney
post office la poste/ PTT
I prefer je préfère

quarter past (three) (trois heures) et quart
quarter to (six) (six heures) moins le quart
from Quebec québécois(e)

rabbit le lapin
railway station la gare
it's raining il pleut
to read lire
I read je lis
to relax se reposer
I relax je me repose
remote control car la voiture télécommandée
to a restaurant au restaurant
return (ticket) un aller-retour
rice le riz
right à gauche
road la rue

salad la salade
Saturday samedi
to the seaside à la mer
second deuxième
single (ticket) un aller simple
sister la sœur
she (is 12 years old) elle (a douze ans)
to shop for bread aller chercher le pain
to shop for groceries faire des courses
shopping centre le centre commercial
shut your books fermez vos livres
it's snowing il neige
sports centre le centre sportif
to stay (at home) rester (à la maison)
I stay (at home) je reste (à la maison)
steak le bifteck
(go) straight on (allez) tout droit
strawberry ice-cream la glace à la fraise
to sunbathe bronzer
I sunbathe je bronze
Sunday dimanche
summer camp la colonie de vacances
it's sunny il fait du soleil
to go surfing faire du surf
I go surfing je fais du surf
swimming pool la piscine
to go swimming at the pool aller à la piscine
I go swimming at the pool je vais à la piscine
Swiss suisse

take out (your pencils) prenez (vos crayons)
by taxi en taxi
tea le thé
to play tennis jouer au tennis
I play tennis je joue au tennis
television la télévision
thank you merci
there is/are il y a
they il, elles, on
third troisième
I'm thirsty j'ai soif
Are you thirsty? Tu as soif?
to tidy up (my bedroom) ranger (ma chambre)
I tidy up (my bedroom) je range (ma chambre)
What time is it? Quelle heure est-il?
toast le pain grillé
toilet bag la trousse de toilette
tortoise la tortue
tourist office l'office de tourisme
town la ville
to go into town aller en ville
I go into town je vais en ville
tracksuit le jogging
by train en train
trainers les baskets

true vrai
turn left tournez à gauche
turn right tournez à droite

uncle l'oncle

vanilla ice-cream la glace à la vanille
video cassette la cassette-vidéo
village le village
to play volleyball jouer au volley-ball
I play volleyball je joue au volley-ball

I walk je vais à pied
walkman le walkman
to wash the dishes faire la vaisselle
watch la montre
to watch (television) regarder (la télévision)
I watch (videos) je regarde (les vidéos)
water l'eau
to go waterskiing faire du ski nautique
I go waterskiing je fais du ski nautique
what (do you like doing)? qu'est-ce que (tu aimes faire)?
when? quand?
When is your birthday? C'est quand, ton anniversaire?
where? où?
Where do you live? Tu habites où?
who? qui?
to go windsurfing faire de la planche à voile
I go windsurfing je fais de la planche à voile
it's windy il fait du vent
to go window shopping faire les magasins
I go window shopping je fais les magasins
How do you write that? Ça s'écrit comment?
writing paper du papier à lettres

I'm 12 years old j'ai (douze) ans
yogurt le yaourt
you tu, vous